本書の特色と使い方

教科書の内容を各児童の学習進度にあわせて使用できます

教科書の内容に沿って作成していますので，各学年で学習する単元や内容を身につけることができます。

学年や学校の学習進度に関係なく，各児童の学習進度にあわせてご使用ください。

基本的な内容をゆっくりていねいに学べます

算数が苦手な児童でも，無理なく，最後までやりとげられるよう，問題数を少なくしています。

また，児童が自分で問題を解いていくときの支援になるよう，問題を解くヒントや見本をのせています。

うすい文字は，なぞって練習してください。

問題数が多い場合は，1シートの半分ずつを使用するなど，各児童にあわせてご使用ください。

本書をコピー・印刷してくりかえし練習できます

学校の先生方は，学校でコピーや印刷をして使えます。

各児童にあわせて，必要な個所は，拡大コピーするなどしてご使用ください。

「解答例」を参考に指導することができます

本書p102〜「解答例」を掲載しております。まず，指導される方が問題を解き，本書の解答例も参考に解答を作成してください。

児童の多様な解き方や考え方に沿って答え合わせをお願いいたします。

目　次

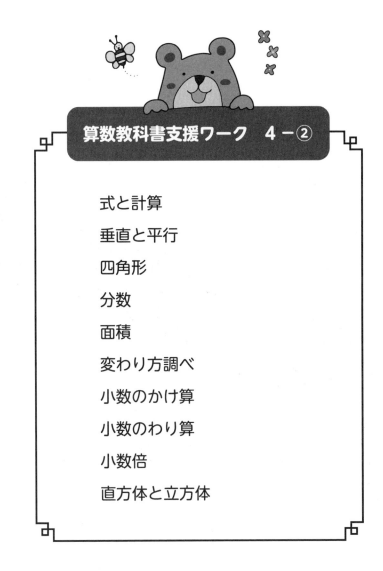

算数教科書支援ワーク 4-②

式と計算

垂直と平行

四角形

分数

面積

変わり方調べ

小数のかけ算

小数のわり算

小数倍

直方体と立方体

1億より大きい数 (1)

● 人口を表に書いて読みましょう。

出典：総務省統計局

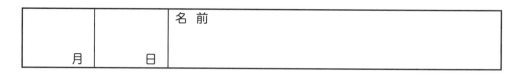

北海道
5382000人

千万の位	百万の位	十万の位	一万の位	千の位	百の位	十の位	一の位

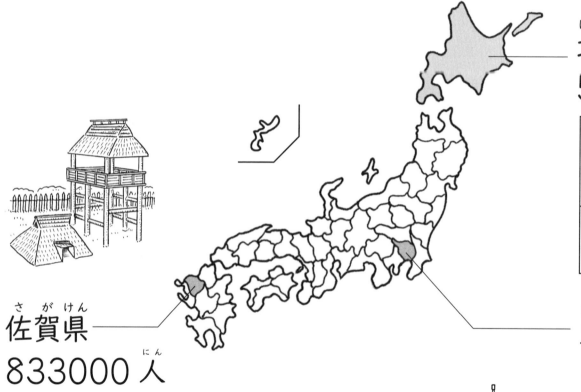

佐賀県
833000人

千万の位	百万の位	十万の位	一万の位	千の位	百の位	十の位	一の位
	8	3	3	0	0	0	

東京都
13515000人

千万の位	百万の位	十万の位	一万の位	千の位	百の位	十の位	一の位

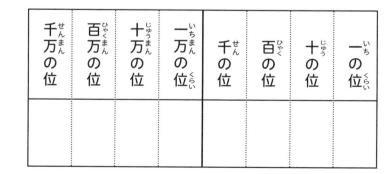

4

1億より大きい数 (2)

● 次の表に数を書きましょう。

	千億の位	百億の位	十億の位	一億の位	千万の位	百万の位	十万の位	一万の位	千の位	百の位	十の位	一の位	
千万（せんまん）					1	0	0	0	0	0	0	0	10倍（ばい）
一億（いちおく）				1	0	0	0	0	0	0	0	0	☐倍
十億（じゅうおく）			1	0	0	0	0	0	0	0	0	0	☐倍
百億（ひゃくおく）		1	0	0	0	0	0	0	0	0	0	0	☐倍
千億（せんおく）	1	0	0	0	0	0	0	0	0	0	0	0	

一, 十, 百, 千がくり返し出てくるよ。

5

1億より大きい数 (3)

● 2 7540 0000 という数について調べましょう。

① 表に書き入れましょう。

千億の位	百億の位	十億の位	一億の位	千万の位	百万の位	十万の位	一万の位	千の位	百の位	十の位	一の位

② 2は，何の位の数ですか。

〔　　　　　　　　〕の位

③ 5は，何の位の数ですか。

〔　　　　　　　　〕の位

④ 2 7540 0000 を読んで，漢字で書きましょう。

二億七千五百四十万

⑤ 数字と漢字で表しましょう。

2億 7540 万

6

1億より大きい数 (4)

● 3186 4000 0000 という数について調べましょう。

① 表に書き入れましょう。

千億の位	百億の位	十億の位	一億の位	千万の位	百万の位	十万の位	一万の位	千の位	百の位	十の位	一の位

② 3は，何の位の数ですか。

◻ の位

③ 8は，何の位の数ですか。

◻ の位

④ 3186 4000 0000 を読んで，漢字で書きましょう。

さんぜんひゃくはちじゅうろくおくよんせんまん
三千百八十六億四千万

⑤ 数字と漢字で表しましょう。

3186億4000万

1億より大きい数 (5)

● 次の表の数を書き，□にあてはまる数を書きましょう。

千兆の位	百兆の位	十兆の位	一兆の位	千億の位	百億の位	十億の位	一億の位	千万の位	百万の位	十万の位	一万の位	千の位	百の位	十の位	一の位
				1	0	0	0	0	0	0	0	0	0	0	0
			1	0	0	0	0	0	0	0	0	0	0	0	0
		1	0	0	0	0	0	0	0	0	0	0	0	0	0
	1	0	0	0	0	0	0	0	0	0	0	0	0	0	0
1	0	0	0	0	0	0	0	0	0	0	0	0	0	0	0

行の見出し（上から）：千億（せんおく）、一兆（いっちょう）、十兆（じゅっちょう）、百兆（ひゃくちょう）、千兆（せんちょう）

右側の矢印：10倍 ／ □倍 ／ □倍 ／ □倍

整数は，位が1つ上がるごとに □ 倍になります。

1億より大きい数 (6)

● 数を読みましょう。

①
千百十一 千百十一 千百十一
4 3 1 7 8 2 6 5 0 0 0 0
億　　　　　万

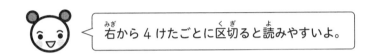
右から4けたごとに区切ると読みやすいよ。

② **2 5 9 0 8 0 0 6 0 0 0 0 0**
兆　　　　億　　　　万

③ **3 0 7 0 0 0 5 3 9 0 0 1 0 0 0 0**
兆　　　　億　　　　万

● 数字で書きましょう。

① 七百六十三億 二千五百万

まず，億や万にしるしをつけよう。

		7 6 3 2 5 0 0 0 0 0		
兆		億	万	

② 五兆 千百七十億

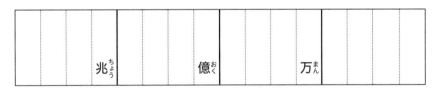

③ 九百四兆 八十億 六千万

9

1億より大きい数 (7)

● 表に数字で書きましょう。

表に書いたら，数を読みましょう。

① 1億を8こ，1000万を2こ，
100万を6こあわせた数

千	百	十	一	千	百	十	一	千	百	十	一	千	百	十	一
			兆				億				万				

② 10兆を4こ，1兆を7こ，
10億を9こあわせた数

千	百	十	一	千	百	十	一	千	百	十	一	千	百	十	一
			兆				億				万				

③ 1兆を6こ，1億を3こ
あわせた数

千	百	十	一	千	百	十	一	千	百	十	一	千	百	十	一
			兆				億				万				

1億より大きい数 (8)

		名 前
月	日	

● □にあてはまる数を数字と漢字で書きましょう。

① 1億を12こ集めた数

千	百	十	一	千	百	十	一	千	百	十	一	千	百	十	一
			兆				億				万				
							1	0	0	0	0	0	0	0	0
						1	2	0	0	0	0	0	0	0	0

② 1億を170こ集めた数

千	百	十	一	千	百	十	一	千	百	十	一	千	百	十	一
			兆				億				万				
							1	0	0	0	0	0	0	0	0

③ 1兆を300こ集めた数

千	百	十	一	千	百	十	一	千	百	十	一	千	百	十
			兆				億				万			
			1	0	0	0	0	0	0	0	0	0	0	0

1億より大きい数 (9)

● □にあてはまる数を書きましょう。

めもりを順によんでいこう。

①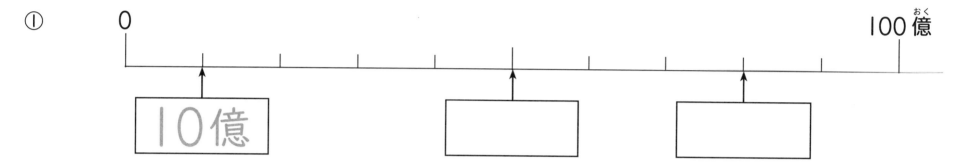

②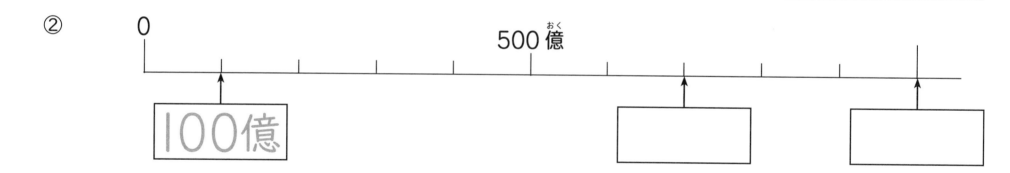

③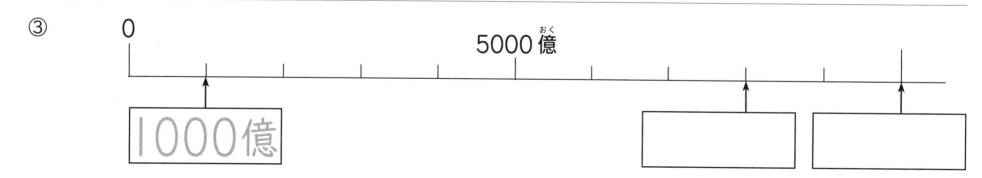

1億より大きい数 (10)

● 30億を10倍した数, $\frac{1}{10}$ にした数はいくつですか。

㋐ 10倍した数

$$30億 \times 10 = \boxed{} 億$$

10倍すると,
位は1けた
上がります。

㋑ $\frac{1}{10}$ にした数

$$30億 \div 10 = \boxed{} 億$$

$\frac{1}{10}$ にすると,
位は1けた
下がります。

● 5億を10倍した数, $\frac{1}{10}$ にした数は
いくつですか。

㋐ 10倍した数

$$5億 \times 10 = \boxed{} 億$$

㋑ $\frac{1}{10}$ にした数

$$5億 \div 10 = \boxed{} 万$$

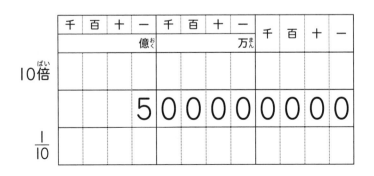

13

1億より大きい数 (11)

● 次の ①～③ の数を 10倍した数はいくつですか。

① 200億

② 7兆

③ 8000万

● 次の ①～③ の数を $\frac{1}{10}$ にした数はいくつですか。

① 9億

② 2600億

③ 45兆

千	百	十	一	千	百	十	一	千	百	十	一	千	百	十	一
		兆				億				万					

千	百	十	一	千	百	十	一	千	百	十	一	千	百	十	一
		兆				億				万					

1億より大きい数 (12)

● 筆算でしましょう。

① 214 × 325

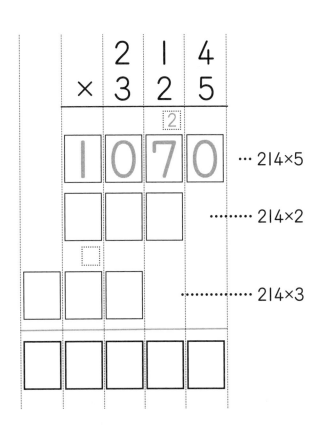

```
      2 1 4
  ×   3 2 5
```
1070 … 214×5
        … 214×2
        … 214×3

② 726 × 304

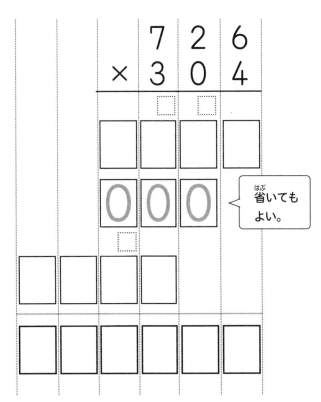

```
      7 2 6
  ×   3 0 4
```
000 ← 省いてもよい。

■ 計算をしましょう。

① 27億 + 15億 = ☐ 億

② 50兆 − 32兆 = ☐ 兆

③ 20万 × 3 = ☐ 万

折れ線グラフと表 (1)

● 下の折れ線グラフを見て，気温の変わり方を調べましょう。

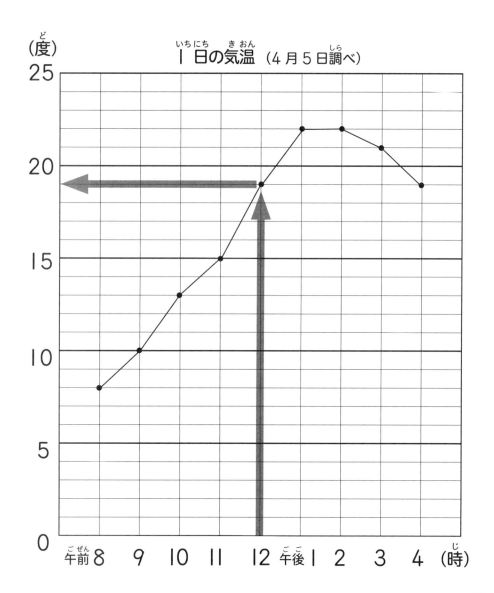

① 横のじくは何を表していますか。

② たてのじくの 1 めもりは何度ですか。

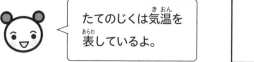

たてのじくは気温を表しているよ。

　　度

③ 12 時の気温は何度ですか。

　　度

④ 気温が 21 度だったのは何時ですか。

月	日	名 前

● 下の折れ線グラフを見て，福岡市の気温の変わり方を調べましょう。

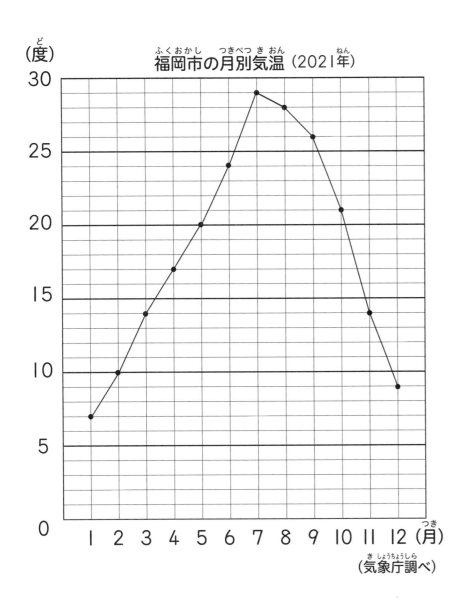

(度)
福岡市の月別気温 (2021年)

(気象庁調べ)

① 気温が上がっているのは，1月から何月までの間ですか。

　1　月から　　　　月

② 気温が下がっているのは，7月から何月までの間ですか。

　7　月から　　　　月

③ 気温の上がり方がいちばん大きいのは，何月から何月の間ですか。

　　　月から　　　　月

④ 気温の下がり方がいちばん大きいのは，何月から何月の間ですか。

　　　月から　　　　月

折れ線グラフと表 (3)

		名前
月	日	

● １日の気温の変わり方を，折れ線グラフに表しましょう。

１日の気温 (5月3日調べ)

時こく (時)	午前8	9	10	11	12	午後1	2
気　温 (度)	17	20	22	23	25	26	28

❶ 表題を書く。

❷ 横じくに時こくを書き，（　）に単位を書く。

❸ たてじくに気温を書き，（　）に単位を書く。

❹ それぞれの時こくの気温を表す点をうつ。

❺ 点を順に直線でつなぐ。

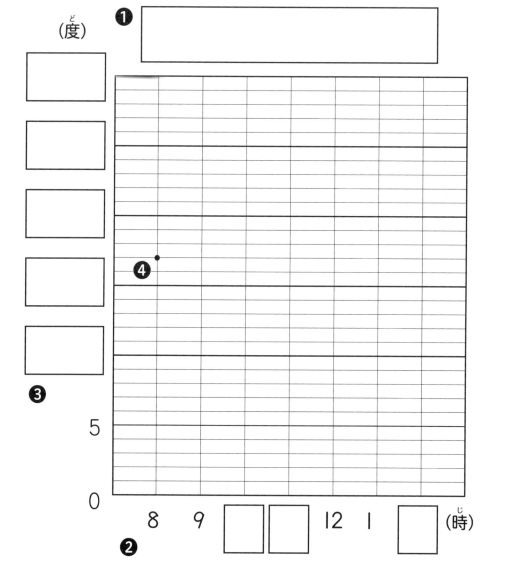

折れ線グラフと表 (4)

	月	日	名 前

● 仙台市（宮城県）の
1年間の気温の変わり方を
折れ線グラフに表しましょう。

仙台市の月別気温　（2021年）　（気象庁調べ）

月	1	2	3	4	5	6	7	8	9	10	11	12
気温（度）	1	4	9	12	17	21	24	25	21	16	11	5

( )

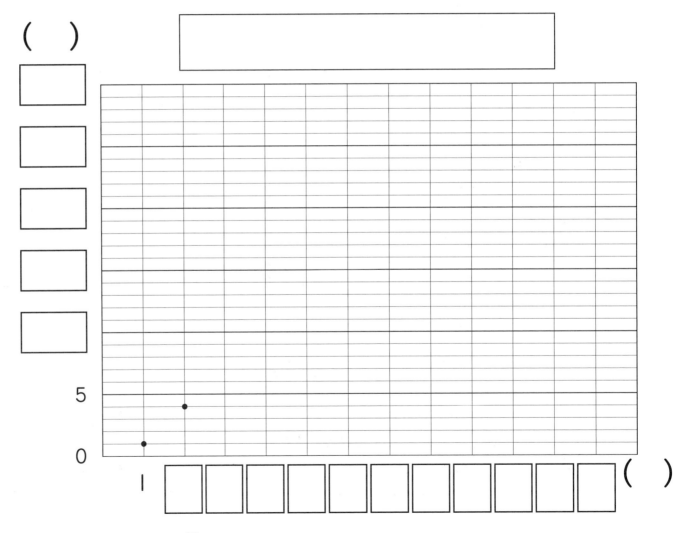

19

折れ線グラフと表 (5)

● ヒマワリの高さの変化を
　折れ線グラフに表しましょう。

ヒマワリの高さ調べ

日	7月4	5	6	7	8	9	10
高さ(cm)	84	89	92	93	95	98	102

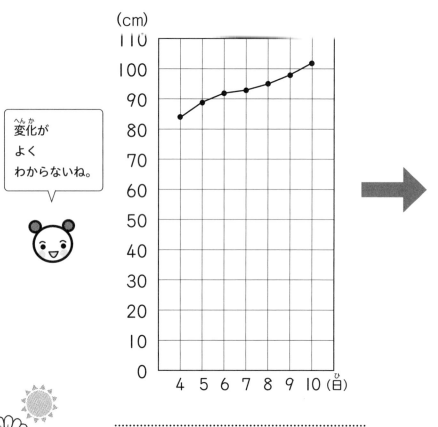

変化が
よく
わからないね。

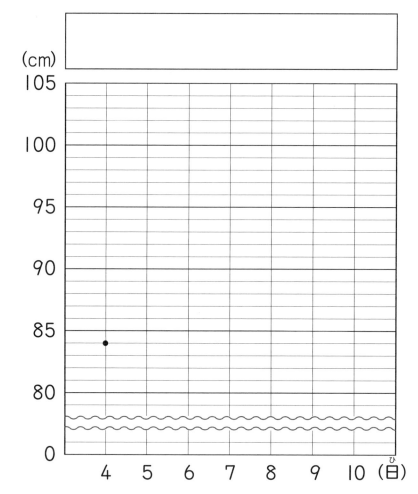

〰〰〰 は, めもりの一部分を
省いてあるしるしです。

20

折れ線グラフと表 (6)

● 下の**あ**の表は，１週間のけが調べの記録です。

けがをした学年とけがの種類をそれぞれ表にまとめましょう。

あ けが調べ

学年	けがの種類
3 年	すりきず
4 年	ねんざ
2 年	ねんざ
2 年	すりきず
6 年	つき指
2 年	切りきず
5 年	切りきず
1 年	すりきず
3 年	すりきず
5 年	切りきず
3 年	すりきず
2 年	切りきず

表に正の字を
かいて，
右のらんに
数字で
まとめよう。

① どの学年がけがをして
いるかまとめましょう。

学年	人数（人）	
1 年	正	
2 年	正	
3 年	正	
4 年	正	
5 年	正	
6 年	正	
合計		

② どんなけがをしているか
まとめましょう。

けがの種類	人数（人）	
すりきず	正	
切りきず	正	
ねんざ	正	
つき指	正	
合計		

折れ線グラフと表 (7)

● けがをした学年とけがの種類を１つの表に整理しました。
表を見て答えましょう。

けがをした学年とけがの種類 (人)

学年＼種類	すりきず	切りきず	ねんざ	つき指	合計
１年	1	0	0	0	1
２年	1	2	1	0	4
３年	3	0	0	0	3
４年	0	0	1	0	1
５年	0	2	0	0	2
６年	0	0	0	1	1
合計	5	4	2	1	あ

① ２年生で切りきずをした人は
何人ですか。

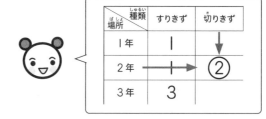

場所＼種類	すりきず	切りきず
１年	1	
２年	→	②
３年	3	

② あ に入る数はいくつですか。

③ どの学年で，どんなけがをした人が
いちばん多いですか。

学年 [　　　　] で　種類 [　　　　] のけがをした人

22

折れ線グラフと表 (8)

● 落としものがあった場所と落としものの種類を調べました。

| つの表に整理しましょう。

落としもの調べ

場所	種類
ろうか	えんぴつ
ろうか	ハンカチ
教室	えんぴつ
げた箱	ぼうし
運動場	ぼうし
ろうか	えんぴつ
教室	ハンカチ
教室	えんぴつ
運動場	ぼうし
げた箱	水とう
運動場	ハンカチ
教室	えんぴつ

まずは正の字を
かいて，右のらんに
数字でまとめよう。

落としものの場所と種類 （こ）

場所＼種類	えんぴつ	ハンカチ	ぼうし	水とう	合計
教室					
ろうか					
運動場					
げた箱					
合計					

場所

での

種類

の落としものがいちばん多い。

	名 前	
月	日	

● 下の表は，4年1組で水泳とマラソンが好きかきらいか調べて整理したものです。表を見て答えましょう。

水泳とマラソンの好ささらい調べ （人）

		マラソン		合計
		好き	きらい	
水泳	好き	10	8	18
	きらい	2	5	7
合計		12	13	あ

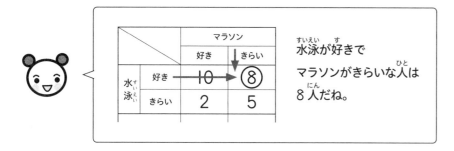

水泳が好きでマラソンがきらいな人は8人だね。

① 水泳が好きな人は何人ですか。

② 水泳とマラソンのどちらも好きな人は何人ですか。

③ 水泳とマラソンのどちらもきらいな人は何人ですか。

④ あ に入る数はいくつですか。

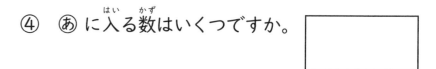

1けたでわる わり算の筆算 (1)

		名 前
月	日	

● わり算の筆算をしましょう。

① 28 ÷ 7

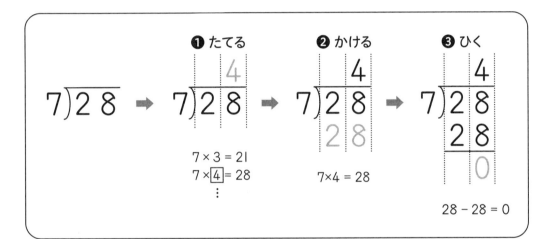

❶ たてる　❷ かける　❸ ひく

$7 × 3 = 21$
$7 × \boxed{4} = 28$
⋮

$7 × 4 = 28$

$28 - 28 = 0$

❶〜❸の
じゅんに
やってみよう。

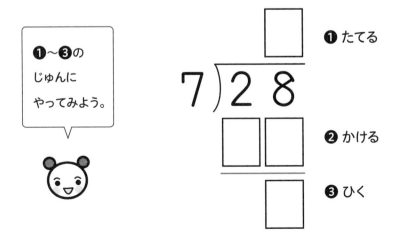

❶ たてる
❷ かける
❸ ひく

② 54 ÷ 9

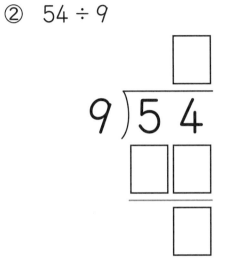

③ 42 ÷ 6

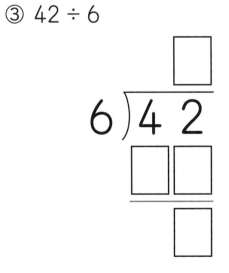

25

1けたでわる わり算の筆算 (2)

● わり算の筆算をしましょう。

① 25 ÷ 9

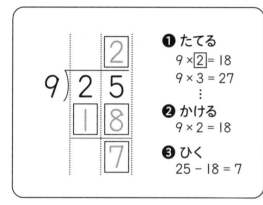

❶ たてる
9 × ②= 18
9 × 3 = 27
…
❷ かける
9 × 2 = 18
❸ ひく
25 − 18 = 7

25 ÷ 9 = 2 あまり 7
になるね。

❶〜❸の
じゅんに
やってみよう。

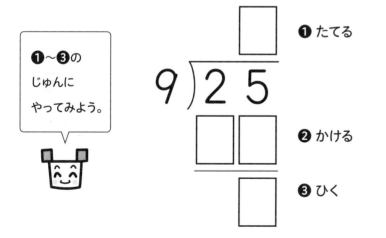

❶ たてる

❷ かける

❸ ひく

② 56 ÷ 8

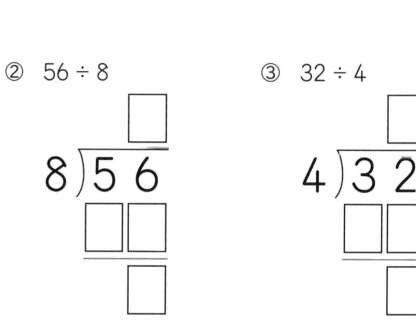

③ 32 ÷ 4

④ 39 ÷ 5

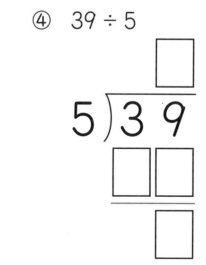

⑤ 28 ÷ 3

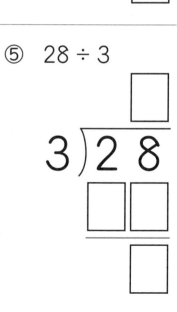

1けたでわる わり算の筆算 (3)

● わり算の筆算をしましょう。

① 7 ÷ 2

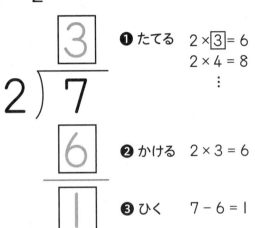

❶ たてる　2 × ③ = 6
　　　　　2 × 4 = 8
　　　　　　　⋮

❷ かける　2 × 3 = 6

❸ ひく　　7 − 6 = 1

② 9 ÷ 4

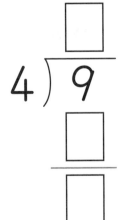

③ 8 ÷ 3

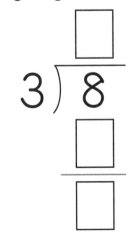

④ 5 ÷ 7

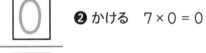

❶ たてる　5 は 7 でわれない

❷ かける　7 × 0 = 0

❸ ひく　　5 − 0 = 5

⑤ 7 ÷ 8

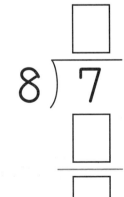

⑥ 0 ÷ 5

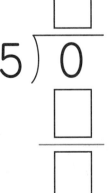

	名 前
月　　日	

● 74 ÷ 2 を筆算でしましょう。

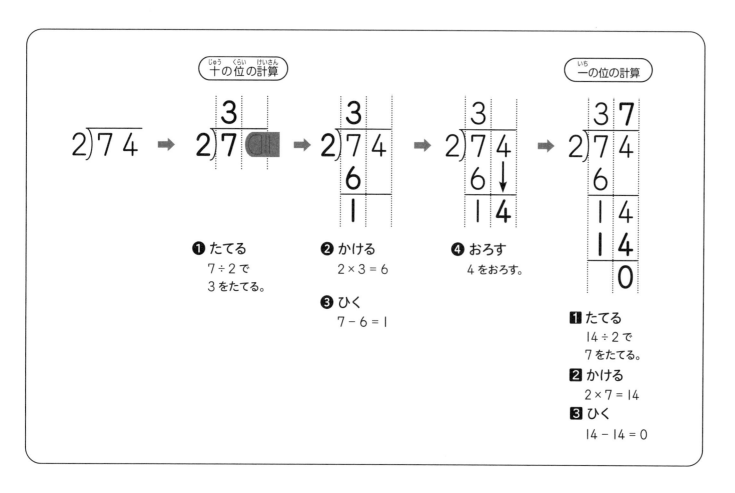

十の位の計算

❶ たてる
7÷2で
3をたてる。

❷ かける
2×3＝6

❸ ひく
7－6＝1

一の位の計算

❹ おろす
4をおろす。

❶ たてる
14÷2で
7をたてる。

❷ かける
2×7＝14

❸ ひく
14－14＝0

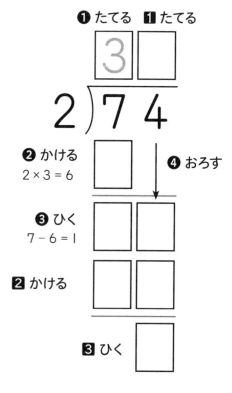

❶ たてる　❶ たてる

❷ かける
2×3＝6

❹ おろす

❸ ひく
7－6＝1

❷ かける

❸ ひく

たてる → かける → ひく → おろす → たてる → かける → ひく で
やってみよう。

28

1けたでわる わり算の筆算 (5) 2けた÷1けた＝2けた

● 筆算でしましょう。

① 81 ÷ 3

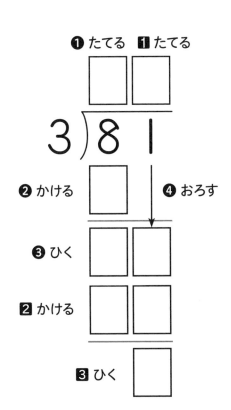

❶ たてる　❶ たてる

3)8 1

❷ かける　❹ おろす

❸ ひく

❷ かける

❸ ひく

② 56 ÷ 4

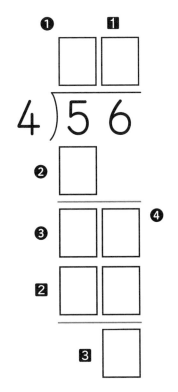

❶　❶

4)5 6

❷

❸　❹

❷

❸

③ 98 ÷ 7

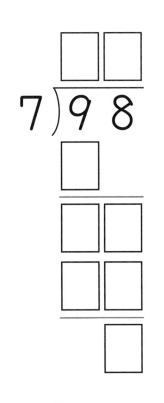

7)9 8

④ 58 ÷ 2

2)5 8

		名 前
月	日	

● 筆算でしましょう。

① 97 ÷ 2

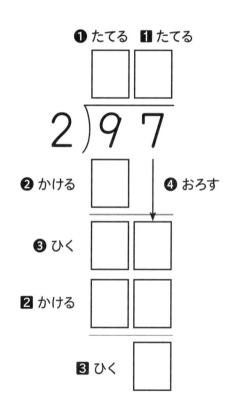

② 74 ÷ 3

❶ たてる　■1 たてる

$$3\overline{)74}$$

❷
❸
2
❸

③ 83 ÷ 5

$$5\overline{)83}$$

④ 95 ÷ 7

$$7\overline{)95}$$

あまりがわる数よりも
小さくなっているかな。

1けたでわる わり算の筆算 （7）　2けた÷1けた＝2けた

● 筆算でしましょう。

① 87 ÷ 4

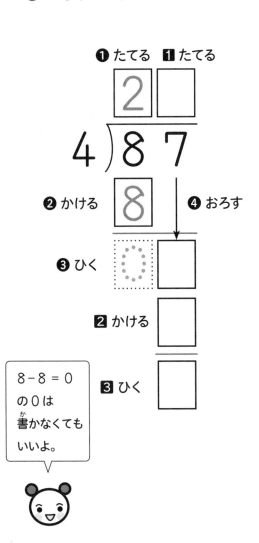

❶たてる　❶たてる

❷かける　　❹おろす

❸ひく

❷かける

❸ひく

8 − 8 = 0
の0は
書かなくても
いいよ。

② 95 ÷ 3

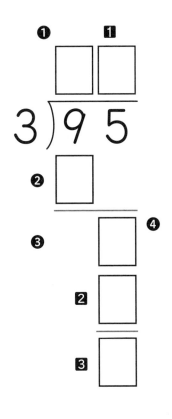

❶　❶

❷

❸　❹

❷

❸

③ 68 ÷ 2

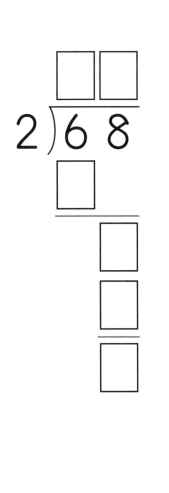

④ 59 ÷ 5

		名　前
月	日	

● 筆算でしましょう。

① 62 ÷ 3

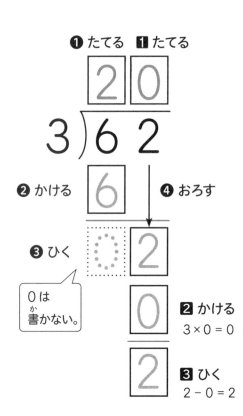

❶たてる　❶たてる

2 0

3) 6 2

❷かける　6　❹おろす

❸ひく　〇　2

0は
書かない。

0

❷かける
3×0＝0

2

❸ひく
2−0＝2

② 75 ÷ 7

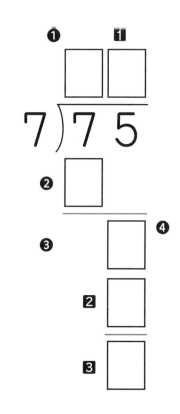

❶　❶

7) 7 5

❷

❸　❹

❷

❸

③ 82 ÷ 4

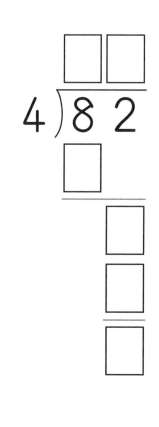

4) 8 2

④ 80 ÷ 8

8) 8 0

32

1けたでわる わり算の筆算 (9) 3けた÷1けた＝3けた

● 792 ÷ 3 を筆算でしましょう。

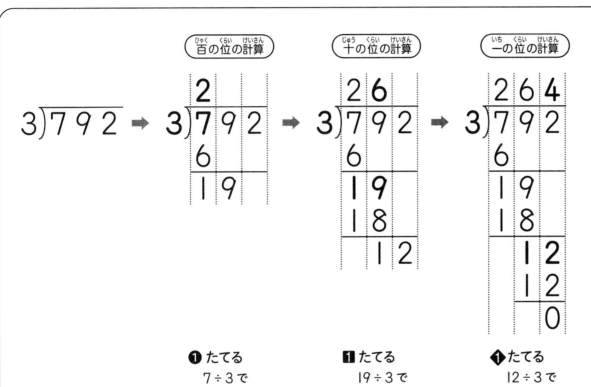

百の位の計算

❶ たてる
7 ÷ 3 で
2 をたてる。

❷ かける
3 × 2 = 6

❸ ひく
7 − 6 = 1

❹ おろす
9 をおろす。

十の位の計算

❶ たてる
19 ÷ 3 で
6 をたてる。

❷ かける
3 × 6 = 18

❸ ひく
19 − 18 = 1

❹ おろす
2 をおろす。

一の位の計算

❶ たてる
12 ÷ 3 で
4 をたてる。

❷ かける
3 × 4 = 12

❸ ひく
12 − 12 = 0

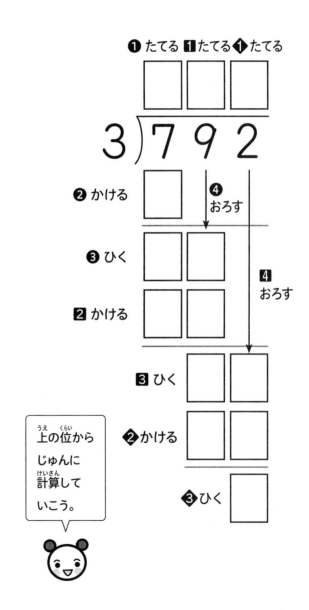

上の位から
じゅんに
計算して
いこう。

名前

月　日

● 筆算でしましょう。

① 773 ÷ 5

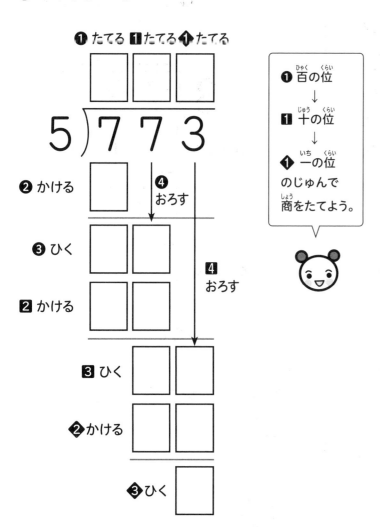

❶ たてる ❶ たてる ❶ たてる

❷ かける
❹ おろす
❸ ひく
❷ かける
❹ おろす
❸ ひく
❷ かける
❸ ひく

❶ 百の位
↓
❶ 十の位
↓
❶ 一の位
のじゅんで
商をたてよう。

② 820 ÷ 3

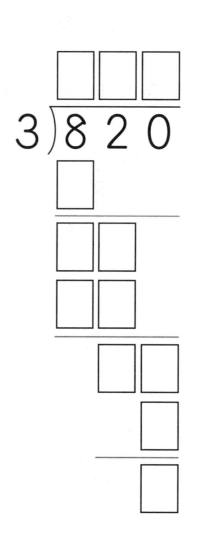

③ 954 ÷ 4

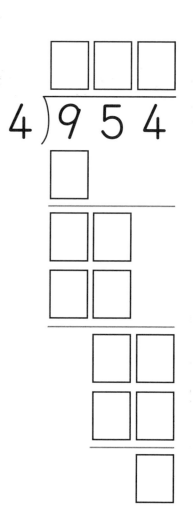

1けたでわる わり算の筆算 （11）

3けた÷1けた＝3けた

● 筆算でしましょう。

① 965 ÷ 3

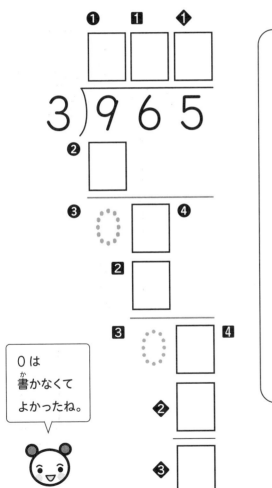

❶ たてる
❷ かける
❸ ひく
❹ おろす

❶ たてる
❷ かける
❸ ひく
❹ おろす

❶ たてる
❷ かける
❸ ひく

0は
書かなくて
よかったね。

② 580 ÷ 5

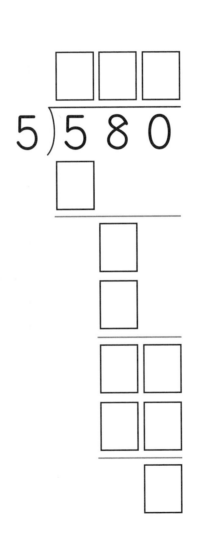

③ 605 ÷ 4

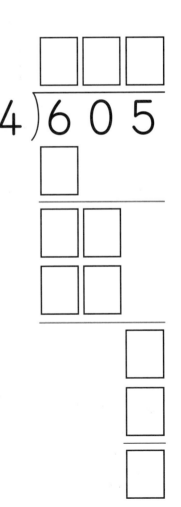

名前

月　日

● 筆算でしましょう。

① 823 ÷ 8

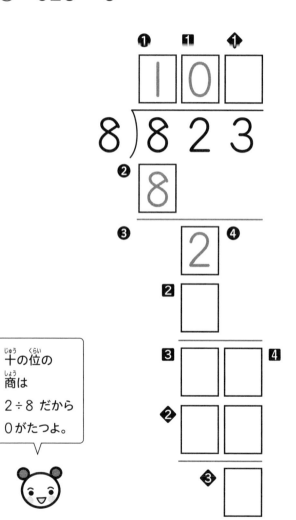

十の位の商は
2 ÷ 8 だから
0 がたつよ。

② 904 ÷ 6

$$6\overline{)904}$$

③ 700 ÷ 5

$$5\overline{)700}$$

		名 前
月	日	

● 356 ÷ 4 を筆算でしましょう。

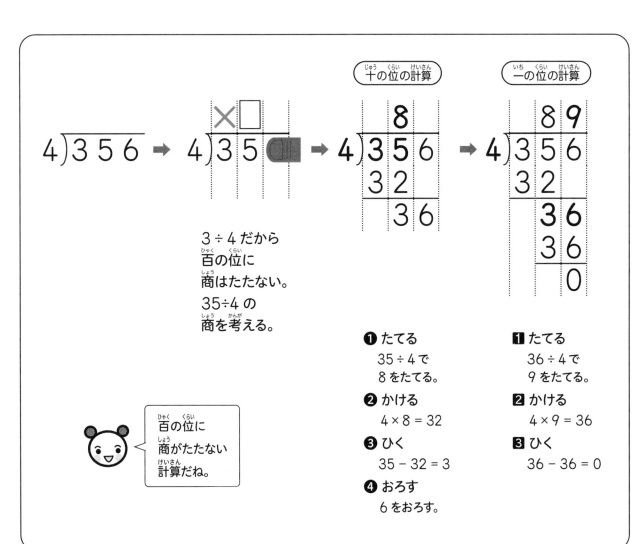

3 ÷ 4 だから
百の位に
商はたたない。
35÷4 の
商を考える。

百の位に
商がたたない
計算だね。

十の位の計算

❶ たてる
　35÷4で
　8をたてる。

❷ かける
　4×8 = 32

❸ ひく
　35 - 32 = 3

❹ おろす
　6をおろす。

一の位の計算

❶ たてる
　36÷4で
　9をたてる。

❷ かける
　4×9 = 36

❸ ひく
　36 - 36 = 0

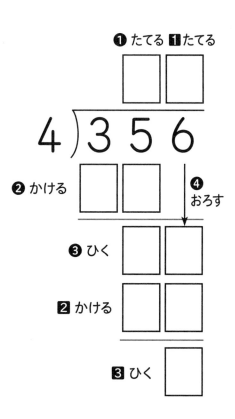

❶ たてる　❶ たてる

4)356

❷ かける　❹ おろす

❸ ひく

❷ かける

❸ ひく

		名 前
月	日	

● 筆算でしましょう。

① 597 ÷ 7

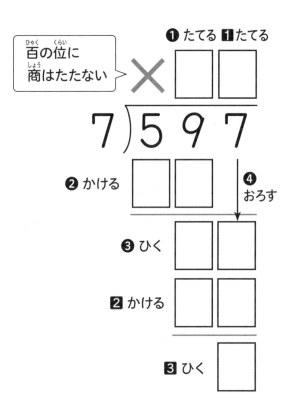

百の位に 商はたたない ✕

❶ たてる ① たてる

7)597

❷ かける ④ おろす

❸ ひく

② かける

③ ひく

② 316 ÷ 6

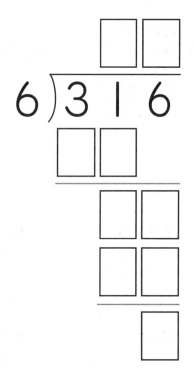

6)316

③ 600 ÷ 8

8)600

	名　前
月　　　日	

● 筆算でしましょう。

① 429 ÷ 6

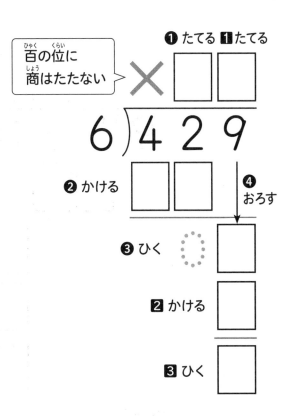

② 308 ÷ 5

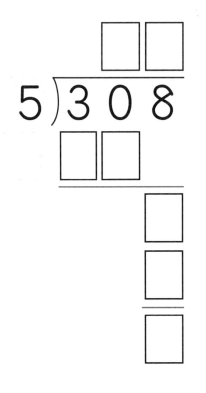

③ 569 ÷ 7

名 前

月　日

● 筆算でしましょう。

① 485 ÷ 8

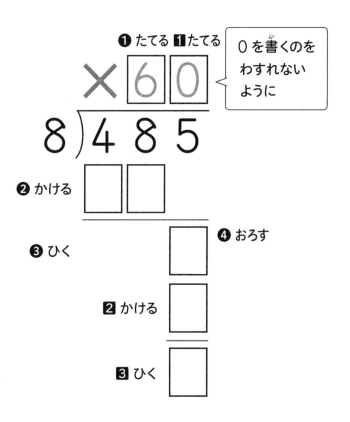

❶たてる　❶たてる
× 6 0

0を書くのを
わすれない
ように

8) 4 8 5

❷かける
❸ひく　❹おろす
②かける
③ひく

② 321 ÷ 4

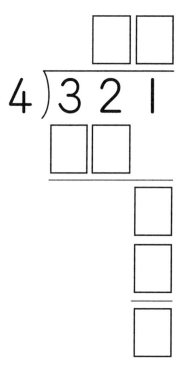

4) 3 2 1

③ 720 ÷ 9

9) 7 2 0

名前

月　日

● 次の計算をして，答えのたしかめもしましょう。

①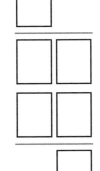

$$5\overline{)63}$$

$$63 \div 5 = \boxed{} \text{ あまり } \boxed{}$$

たしかめ

わる数　商　あまり　わられる数

$$\boxed{5} \times \boxed{} + \boxed{} = 63$$

②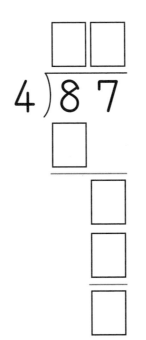

$$4\overline{)87}$$

$$87 \div 4 = \boxed{} \text{ あまり } \boxed{}$$

たしかめ

$$\boxed{4} \times \boxed{} + \boxed{} = 87$$

③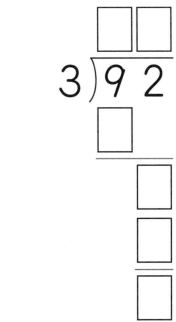

$$3\overline{)92}$$

$$92 \div 3 = \boxed{} \text{ あまり } \boxed{}$$

たしかめ

$$\boxed{} \times \boxed{} + \boxed{} = \boxed{}$$

角の大きさ (1)

● ㋐〜㋔の角の大きさを見て答えましょう。

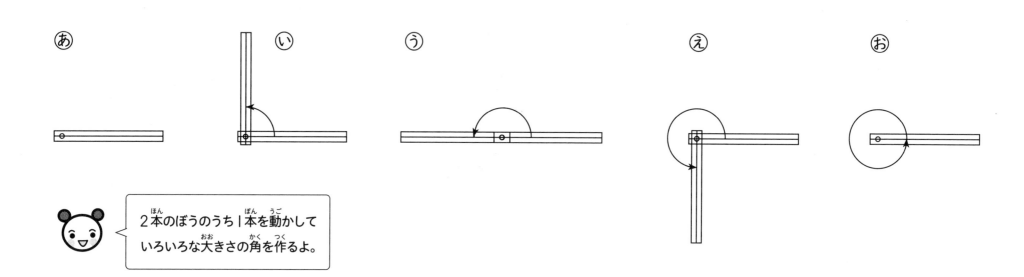

㋐　　　㋑　　　㋒　　　㋓　　　㋔

2本のぼうのうち1本を動かして
いろいろな大きさの角を作るよ。

① 直角はどれですか。

② ㋒，㋓，㋔ は，それぞれ何直角ですか。

㋒ [　　] 直角　　　㋓ [　　] 直角　　　㋔ [　　] 直角

㋒，㋓，㋔は，
直角の何こ分かな。

角の大きさ (2)

● ⬚からあてはまる角度をえらんで□に書きましょう。

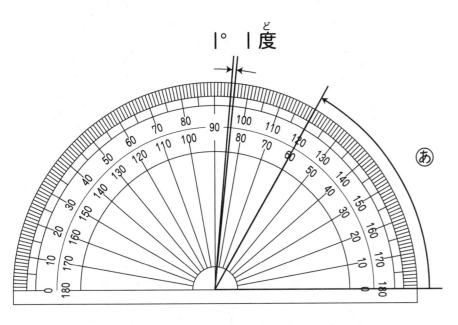

1° 1度

① 直角を 90 に等分した 1つ分の角の大きさ（角度）は何度ですか。

② あ の角度は何度ですか。

③ 2直角は何度ですか。

| 180° | 120° | 60° | 1° |

角の大きさ (3)

● 分度器のめもりをよみましょう。

①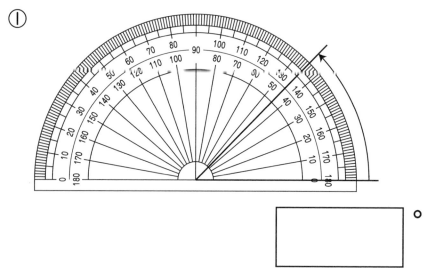

○

②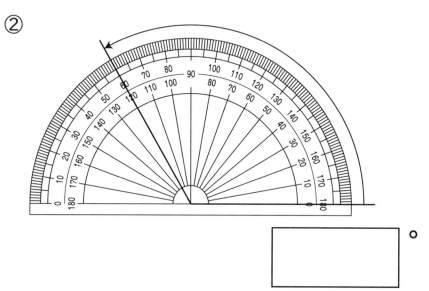

○

③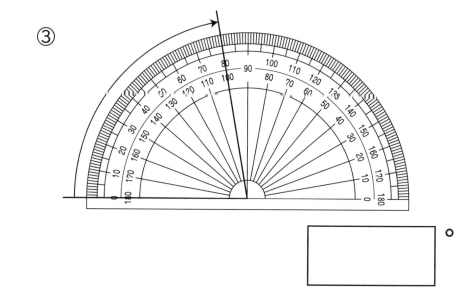

○

④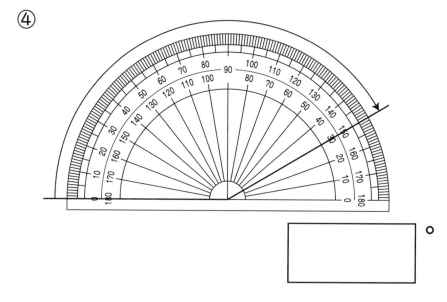

○

角の大きさ (4)

● 分度器を使って，あ～えの角度をはかりましょう。

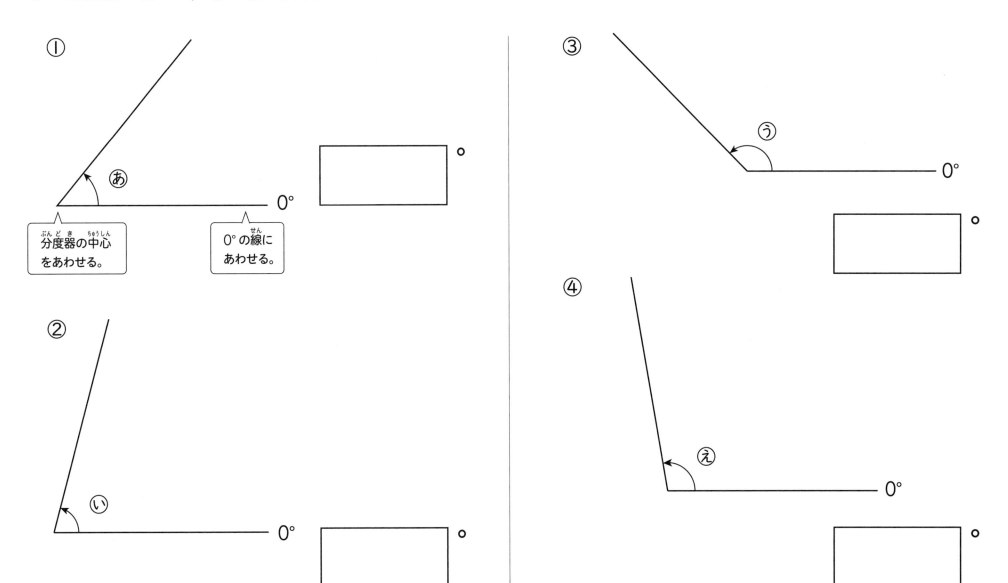

① あ 0°
分度器の中心をあわせる。
0°の線にあわせる。

② い 0°

③ う 0°

④ え 0°

角の大きさ (5)

● 分度器を使って，あ〜えの角度をはかりましょう。

①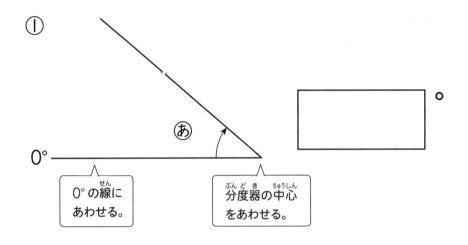

0°

あ

0°の線に
あわせる。

分度器の中心
をあわせる。

②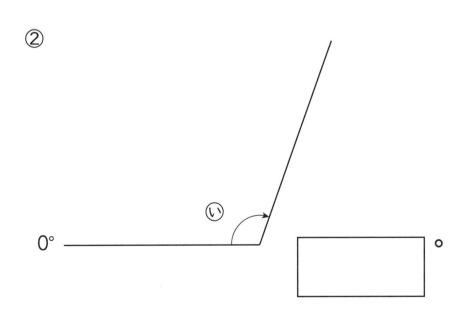

い

0°

③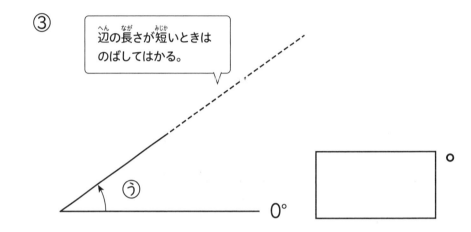

辺の長さが短いときは
のばしてはかる。

う

0°

④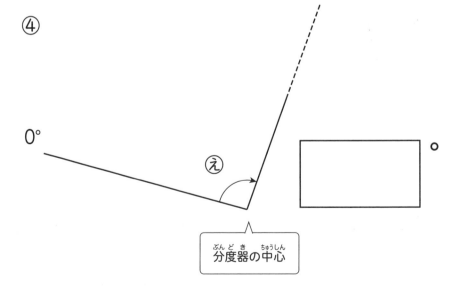

0°

え

分度器の中心

46

角の大きさ (6)

● 三角じょうぎの角度はそれぞれ何度ですか。

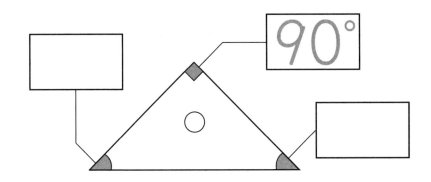

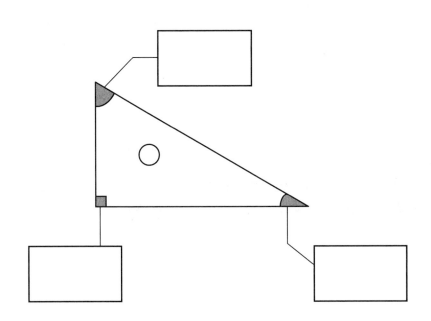

● 下の ㋐，㋑ の角度をそれぞれ求めましょう。

①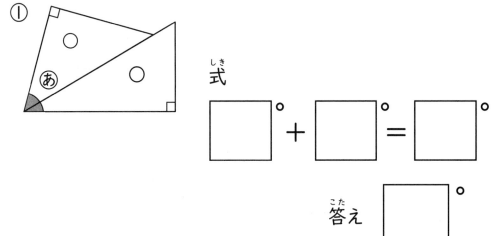

式

□° ＋ □° ＝ □°

答え □°

②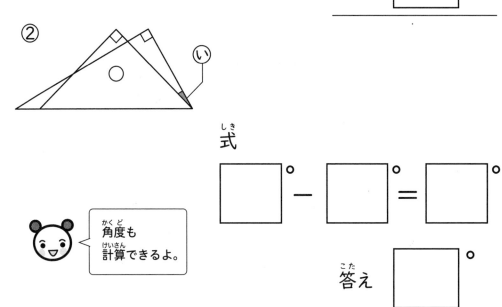

角度も
計算できるよ。

式

□° － □° ＝ □°

答え □°

角の大きさ (7)

● □にあてはまる角度を書きましょう。

直 角 = [　　　]°　

2直角 = [　　　]°
（半回転）

3直角 = [　　　]°

4直角 = [　　　]°
（1回転）

● あ の角度をくふうしてはかりましょう。

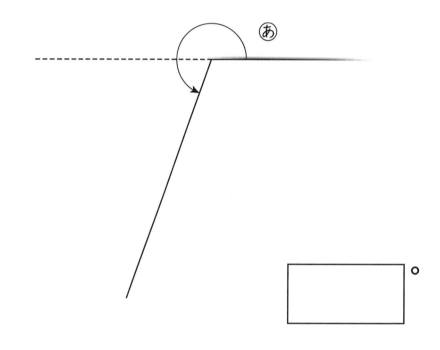

[　　　]°

ヒント　あは180°と⑰の角度を合わせた大きさだね。

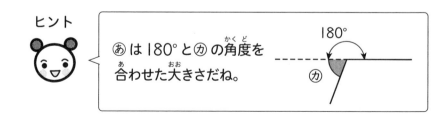

48

角の大きさ (8)

● ⓐとⓘの角度をくふうしてはかりましょう。

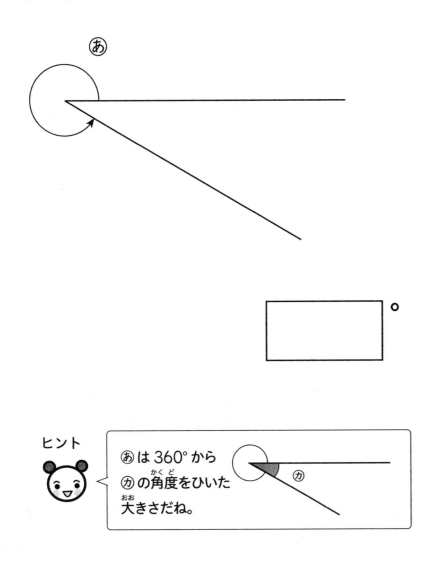

ⓐ

□ °

ヒント

ⓐは 360° から
ⓚの角度をひいた
大きさだね。

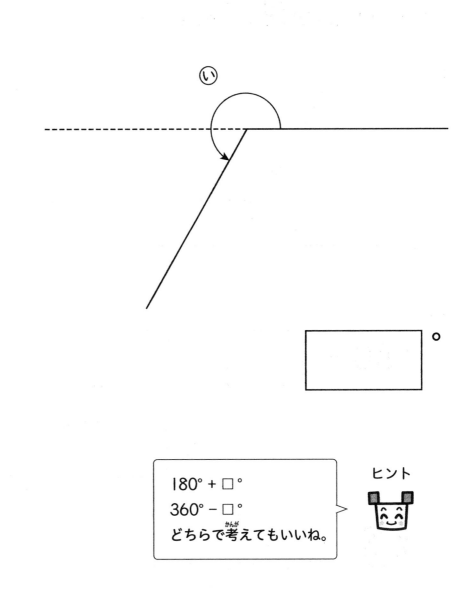

ⓘ

□ °

180° + □°
360° - □°
どちらで考えてもいいね。

ヒント

		名　前
月	日	

● あ〜うの角度を計算で求めましょう。

①

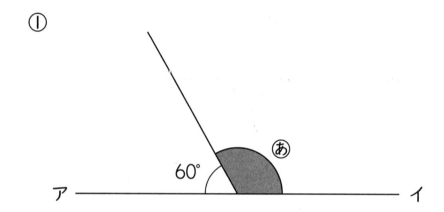

式

$$180 - \boxed{} = \boxed{}$$

あ　$\boxed{}$ °

ヒント

直線アイは 180°
180° から 60° をひくといいね。

②

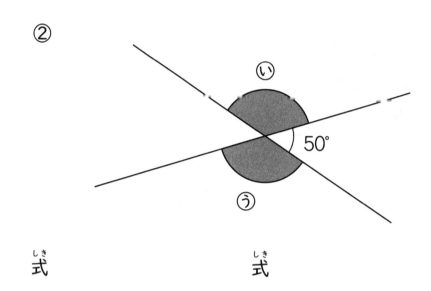

式　　　　　　　　　　式

い　$\boxed{}$ °　　　う　$\boxed{}$ °

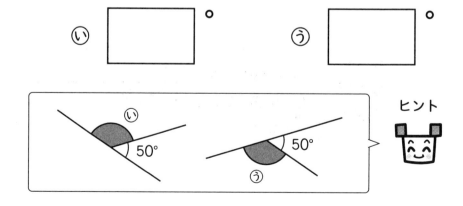

ヒント

角の大きさ (10)

		名 前
月	日	

● 分度器を使って矢印の方向に角をかきましょう。

① 70°

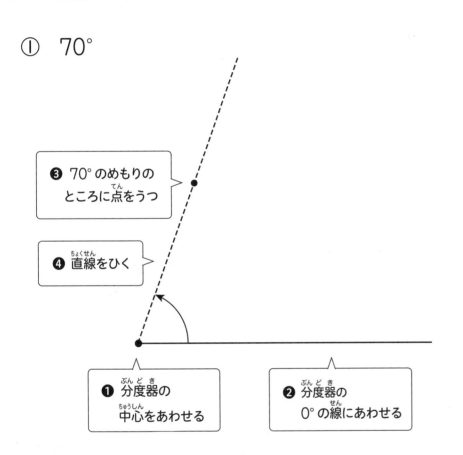

❸ 70° のめもりの
ところに点をうつ

❹ 直線をひく

❶ 分度器の
中心をあわせる

❷ 分度器の
0° の線にあわせる

② 120°

❶〜❹のじゅんに
かいてみよう。

51

		名　前
月	日	

● 分度器を使って矢印の方向に角をかきましょう。

① 80°

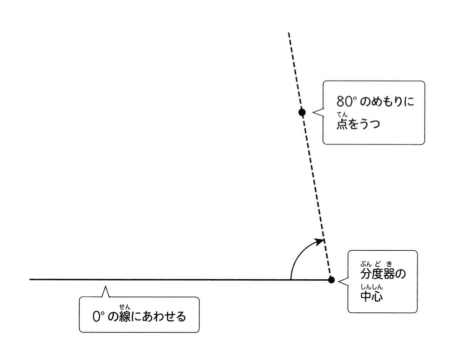

80°のめもりに
点^{てん}をうつ

0°の線^{せん}にあわせる

分度器^{ぶんどき}の
中心^{しんしん}

② 200°

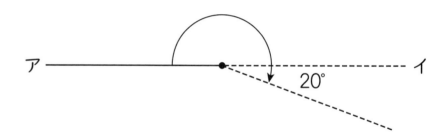

ア ⎯⎯⎯⎯ イ

20°

直線^{ちょくせん}アイが180°
180° + 20° で 200° だね。

52

角の大きさ (12)

● 次のような三角形をかきましょう。

①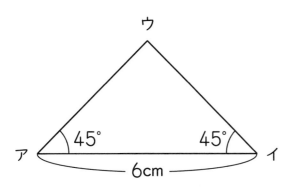

②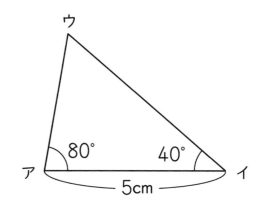

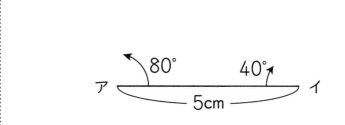

小数 (1)

名前

月　日

● 下の水のかさは何 L ですか。

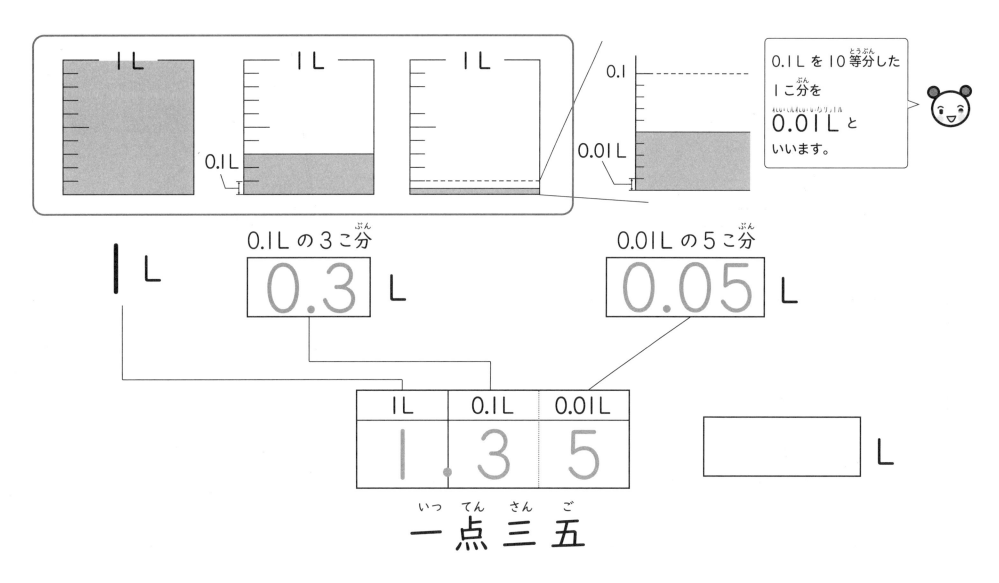

0.1L を 10 等分した
1 こ分を
0.01L と
いいます。

0.1L の 3 こ分
0.3 L

0.01L の 5 こ分
0.05 L

1 L

1L	0.1L	0.01L
1.	3	5

一点三五

| | L |

小数 (2)

● 次の①～④のかさは何 L ですか。

① 0.01L の 8 こ分のかさ

1L	0.1L	0.01L
0.	0	8

［　　　　　　　　］L

読み （　　　　　　　　）L

② 0.1L を 1 こと, 0.01L を 6 こ
あわせたかさ

1L	0.1L	0.01L

［　　　　　　　　］L

読み （　　　　　　　　）L

③ 1L を 2 こと, 0.1L を 7 こと,
0.01L を 3 こあわせたかさ

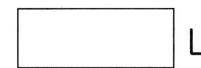

1L	0.1L	0.01L

［　　　　　　　　］L

読み （　　　　　　　　）L

④ 1L を 3 こと, 0.01L を 5 こ
あわせたかさ

1L	0.1L	0.01L

［　　　　　　　　］L

読み （　　　　　　　　）L

小数 (3)

● 下の数直線を見て答えましょう。

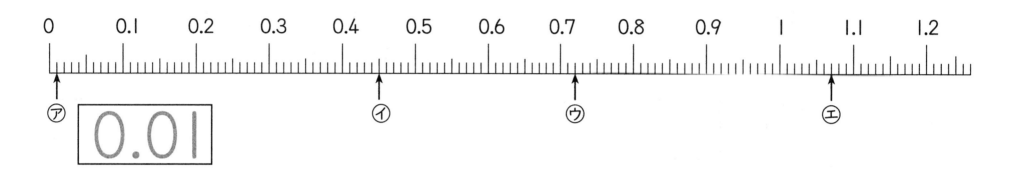

① ⑦のめもりが表す数を
上の□に書きましょう。

0.1を10等分した
1こ分の大きさは
0.01です。

② ④, ⑨, ⑤のめもりが表す数を書きましょう。

④ 0.4 と 0.01 が 5 こで

1	0.1	0.01
0	4	5

⑨ 0.7 と 0.01 が 2 こで

1	0.1	0.01

⑤ 1 と 0.01 が 7 こで

1	0.1	0.01

小数 (4)

● 下の数直線を見て答えましょう。

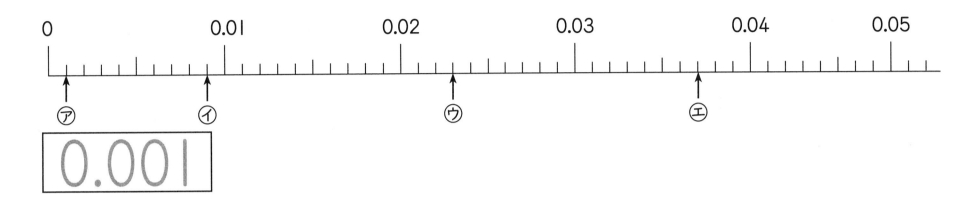

0   0.01   0.02   0.03   0.04   0.05

㋐   ㋑   ㋒   ㋓

$$0.001$$

① ㋐ のめもりが表す数を
上の□に書きましょう。

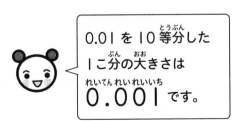

0.01 を 10 等分した
1 こ分の大きさは
れいてん れい れい いち
0.001 です。

② ㋑, ㋒, ㋓ のめもりが表す数を書きましょう。

㋑ 0.001 が 9 こで

1	0.1	0.01	0.001

㋒ 0.02 と 0.001 が 3 こで

1	0.1	0.01	0.001

㋓ 0.03 と 0.001 が 7 こで

1	0.1	0.01	0.001

小数 (5)

● kmを単位として小数で表しましょう。

① 3km764m

［　　　］km

1km	0.1km (100m)	0.01km (10m)	0.001km (1m)
3.	7	6	4

② 1km200m

［　　　］km

1km	0.1km (100m)	0.01km (10m)	0.001km (1m)

③ 358m

［　　　］km

1km	0.1km (100m)	0.01km (10m)	0.001km (1m)

● kgを単位として小数で表しましょう。

① 7kg415g

［　　　］kg

1kg	0.1kg (100g)	0.01kg (10g)	0.001kg (1g)
7.	4	1	5

② 2kg80g

［　　　］kg

1kg	0.1kg (100g)	0.01kg (10g)	0.001kg (1g)

③ 52g

［　　　］kg

1kg	0.1kg (100g)	0.01kg (10g)	0.001kg (1g)

● 1, 0.1, 0.01, 0.001 の関係について□にあてはまる数を書きましょう。

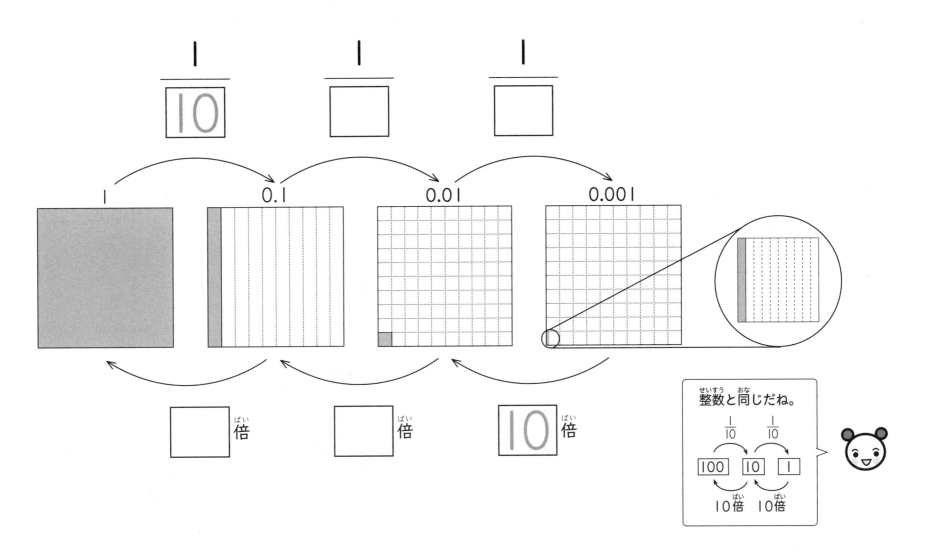

小数 (7)

● 0.1, 0.01, 0.001 は,
それぞれ 1 の何分の一ですか。

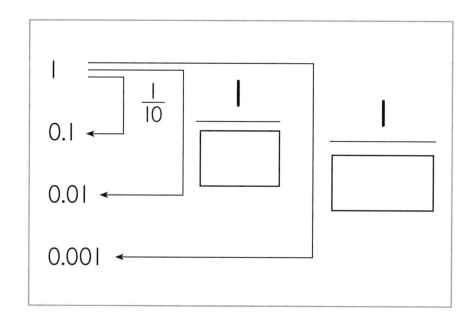

● 0.1, 0.01, 0.001 は,
それぞれ何倍すると 1 になりますか。

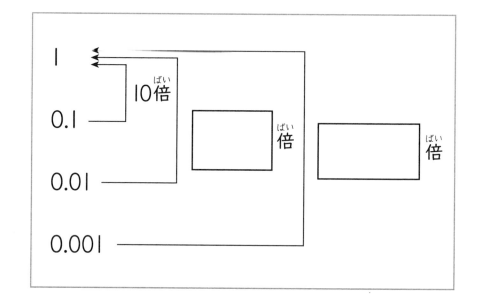

■ 10 は 0.1 の何倍ですか。

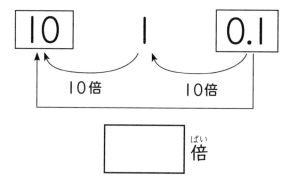

60

小数 (8)

● 4.726 という数について□にあてはまる数を書きましょう。

一の位	$\frac{1}{10}$ の位 (小数第一位)	$\frac{1}{100}$ の位 (小数第二位)	$\frac{1}{1000}$ の位 (小数第三位)
4	7	2	6

① $\frac{1}{100}$ の位の数字は □ です。

② $\frac{1}{1000}$ の位の数字は □ です。

③ 4.726 は, 1 を □ こ, 0.1 を □ こ,

0.01 を □ こ, 0.001 を □ こ

あわせた数です。

● 9.058 という数について□にあてはまる数を書きましょう。

一の位	$\frac{1}{10}$ の位 (小数第一位)	$\frac{1}{100}$ の位 (小数第二位)	$\frac{1}{1000}$ の位 (小数第三位)

① 8 は, $\frac{1}{\boxed{}}$ の位の数字です。

② 8 は, □ が 8 こあることを表しています。

③ 9.058 は, 1 を □ こ, 0.01 を □ こ,

0.001 を □ こあわせた数です。

61

小 数 (9)

		名 前
月	日	

● 下の数直線を見て答えましょう。

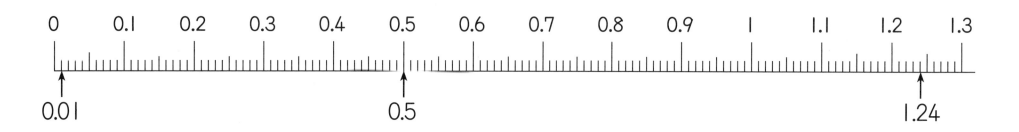

① 0.1 は, 0.01 を $\boxed{10}$ こ集めた数です。

② 0.5 は, 0.01 を $\boxed{}$ こ集めた数です。

③ 1 は, 0.01 を $\boxed{100}$ こ集めた数です。

④ 1.24 は, 0.01 を $\boxed{}$ こ集めた数です。

1 は	0.01 を	$\boxed{}$	こ
0.2 は	0.01 を	$\boxed{}$	こ
0.04 は	0.01 を	$\boxed{}$	こ
1.24 は	0.01 を	$\boxed{}$	こ

小数 (10)

● 次の①〜⑤の数は, 0.01を何こ集めた数ですか。

 0.1は0.01を10こ集めた数
1は0.01を100こ集めた数だね。

① 0.07

[   ] こ

一の位	$\frac{1}{10}$の位	$\frac{1}{100}$の位
0	0	7
0	0	1

② 0.63

[   ] こ

一の位	$\frac{1}{10}$の位	$\frac{1}{100}$の位
0	6	3
0	0	1

③ 5.21

[   ] こ

一の位	$\frac{1}{10}$の位	$\frac{1}{100}$の位
0	0	1

④ 9

[   ] こ

一の位	$\frac{1}{10}$の位	$\frac{1}{100}$の位
0	0	1

⑤ 2.7

[   ] こ

一の位	$\frac{1}{10}$の位	$\frac{1}{100}$の位
0	0	1

小 数 (11)

● 0.76 を 10 倍, 100 倍した数を書きましょう。

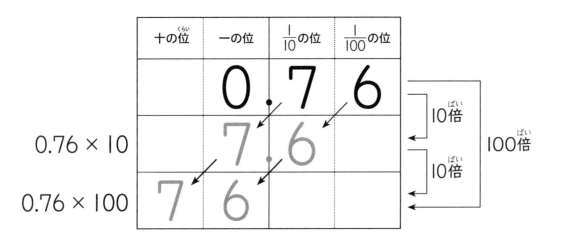

十の位	一の位	$\frac{1}{10}$ の位	$\frac{1}{100}$ の位
	0.7	6	
0.76 × 10	7.6		
0.76 × 100	7	6	

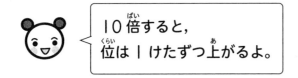

10 倍すると,
位は 1 けたずつ上がるよ。

■ 次の ①, ② の数を 10 倍, 100 倍した数を書きましょう。

① 3.4

	百の位	十の位	一の位	$\frac{1}{10}$ の位	$\frac{1}{100}$ の位
			3 . 4		
10 倍					
100 倍					

② 0.08

	百の位	十の位	一の位	$\frac{1}{10}$ の位	$\frac{1}{100}$ の位
			0 . 0		8
10 倍					
100 倍					

64

名前

月　日

● 4.2 を $\frac{1}{10}$，$\frac{1}{100}$ にした数を書きましょう。

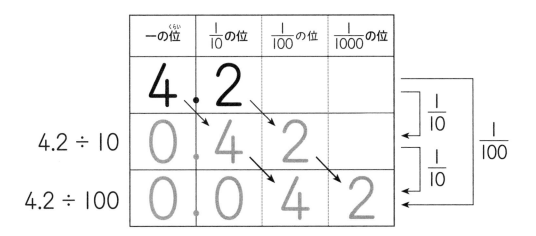

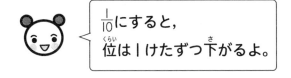

$\frac{1}{10}$にすると，位は1けたずつ下がるよ。

■ 次の ①，② の数を $\frac{1}{10}$，$\frac{1}{100}$ にした数を書きましょう。

① 0.6

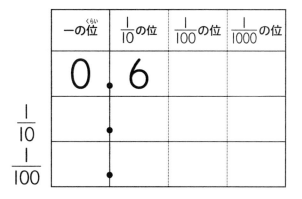

② 9

一の位	$\frac{1}{10}$の位	$\frac{1}{100}$の位	$\frac{1}{1000}$の位
9			

		名前
月	日	

● 1.214 と 1.23 とではどちらが大きいですか。

位の表に入れてくらべよう。

一の位	$\frac{1}{10}$の位	$\frac{1}{100}$の位	$\frac{1}{1000}$の位
1 .	2	①	4
1 .	2	3	

↑同じ　↑同じ　くらべる

上の位の数字から

くらべていく

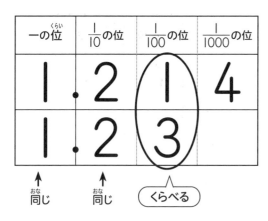
数直線に表してくらべよう。

1.2　　1.21　　1.22　　1.23

1.214　　1.23

不等号を書こう

1.214 □ 1.23

■ □に不等号を書きましょう。

① 0.82 □ 0.807

一の位	$\frac{1}{10}$の位	$\frac{1}{100}$の位	$\frac{1}{1000}$の位

② 5.106 □ 5.11

一の位	$\frac{1}{10}$の位	$\frac{1}{100}$の位	$\frac{1}{1000}$の位

小 数 (14)

小数のたし算ひき算

● 筆算でしましょう。

①

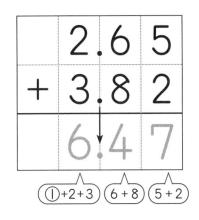

$$
\begin{array}{r}
2.65 \\
+\ 3.82 \\
\hline
6.47
\end{array}
$$

① +2+3 　6+8 　5+2

❶ 位をそろえて書く。
❷ 整数のたし算と同じように計算する。
❸ 上の小数点にそろえて和の小数点をうつ。

②

$$
\begin{array}{r}
0.56 \\
+\ 0.19 \\
\hline
\end{array}
$$

③

$$
\begin{array}{r}
7.08 \\
+\ 0.94 \\
\hline
\end{array}
$$

● 筆算でしましょう。

①

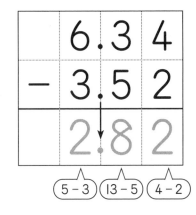

$$
\begin{array}{r}
6.34 \\
-\ 3.52 \\
\hline
2.82
\end{array}
$$

5 - 3 　13 - 5 　4 - 2

たし算と同じように位をそろえて計算してみよう。

②

$$
\begin{array}{r}
5.13 \\
-\ 0.07 \\
\hline
\end{array}
$$

③

$$
\begin{array}{r}
4.02 \\
-\ 0.87 \\
\hline
\end{array}
$$

小数 (15)

小数のたし算

名前

月　日

● 筆算でしましょう。

① 3.2 + 5.18

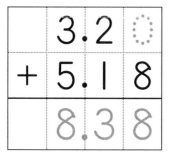

位をそろえよう。
3.2 は 3.20 と
考えて
計算するよ。

② 0.63 + 7.27

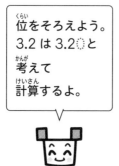

0を
消すのを
わすれないで。

③ 4.14 + 2.86

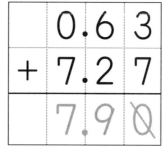

④ 6.53 + 7.9

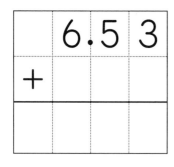

小数点を
そろえて
たす数を
書こう。

⑤ 15.22 + 0.38

⑥ 2.59 + 7.41

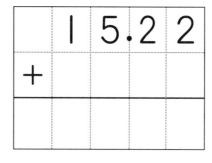

小 数 (16)

小数のたし算

● 筆算でしましょう。

① 7.67 + 0.4

	7	.	6	7
+				

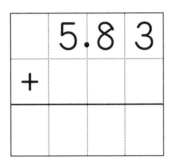

小数点を
そろえて
たす数を
書こう。

② 5.83 + 2.34

	5	.	8	3
+				

③ 0.05 + 1.95

	0	.	0	5
+				

④ 3.7 + 3.49

	3	.	7	0
+				

⑤ 4.28 + 0.82

	4	.	2	8
+				

● 筆算でしましょう。

① 4.35 − 2.6

```
    4.35
 −  2.6
 ───────
    1.75
```

2.6 は 2.6◌と 考えて 計算するよ。

② 9.07 − 8.43

```
    9.07
 −  8.43
 ───────
    0.64
```

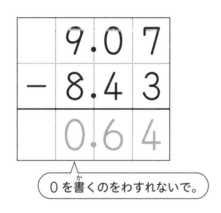

0を書くのをわすれないで。

③ 6 − 3.15

```
    6.◌◌
 −  3.15
 ───────
    2.85
```

④ 7.3 − 5.48

```
    7.3◌
 −
 ───────
```

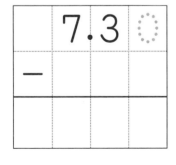

小数点を そろえて ひく数を 書こう。

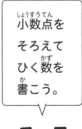

⑤ 3.12 − 3

```
    3.12
 −
 ───────
```

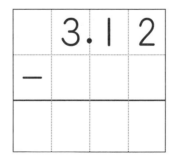

⑥ 10 − 9.32

```
   10.◌◌
 −
 ───────
```

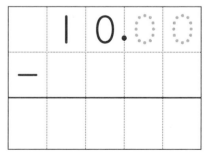

小数 (18)

小数のひき算

● 筆算でしましょう。

① 5.24 − 2.8

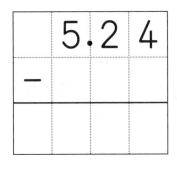

小数点を
そろえて
ひく数を
書こう。

② 0.95 − 0.07

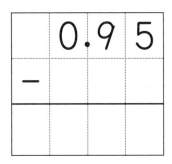

③ 8 − 6.32

④ 9.13 − 0.13

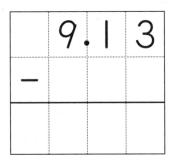

⑤ 7.7 − 6.83

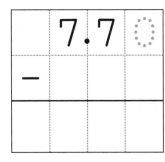

71

2けたでわる わり算の筆算 (1)

● 色紙が 80 まいあります。

1人に 30 まいずつ分けます。

何人に分けられて，何まいあまりますか。

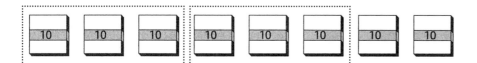

 10のたばで考えると 8 ÷ 3 = 2 あまり 2
このあまり 2 は，10 のたばが 2 ということだね。

式

$$80 ÷ 30 = \boxed{} \text{あまり} \boxed{}$$

答え $\boxed{}$ 人に分けられて， $\boxed{}$ まいあまる。

● 計算をしましょう。

① $60 ÷ 20 = \boxed{}$

② $90 ÷ 40 = \boxed{}$ あまり $\boxed{}$

③ $120 ÷ 30 = \boxed{}$

④ $150 ÷ 60 = \boxed{}$ あまり $\boxed{}$

		名前
月	日	

● 86 ÷ 42 を筆算でしましょう。

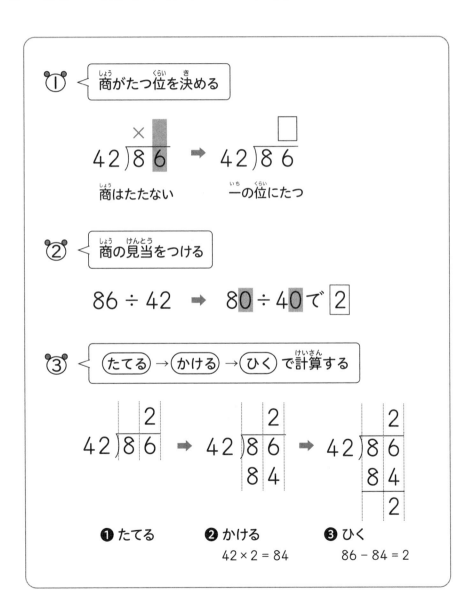

① 商がたつ位を決める

42)86　→　42)86
商はたたない　　一の位にたつ

② 商の見当をつける

86 ÷ 42　➡　80 ÷ 40で 2

③ たてる → かける → ひく で計算する

42)86　➡　42)86　➡　42)86
　　　　　　　　 84　　　　　84
　　　　　　　　　　　　　　 2

❶ たてる　　❷ かける　　❸ ひく
　　　　　42×2 = 84　　86 - 84 = 2

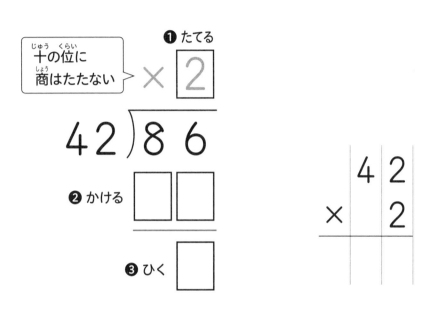

十の位に商はたたない

❶ たてる　× 2

42)86

❷ かける

❸ ひく

42
× 2

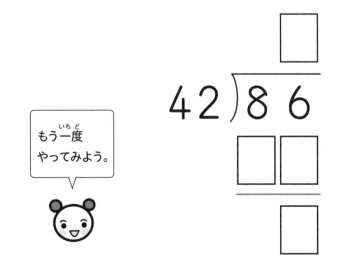

もう一度やってみよう。

42)86

名 前

月　日

● 筆算でしましょう。

1 96 ÷ 32

① 商がたつ位　32)9̄6̄　×□

② 商の見当　90 ÷ 30で ③

③ (たてる) → (かける) → (ひく) で計算

❶ たてる

3
32)9̄6̄

❷ かける

❸ ひく □

```
   3 2
 ×   3
```

2 87 ÷ 21

① 21)8̄7̄　×□

② 80 ÷ 20で ④

③ (たてる) → (かける) → (ひく) で計算

4
21)8̄7̄

```
   2 1
 ×   4
```

3 82 ÷ 40

① 40)8̄2̄　×□

② 80 ÷ 40で ②

③ (たてる) → (かける) → (ひく) で計算

2
40)8̄2̄

```
   4 0
 ×   2
```

2けたでわる わり算の筆算（4）　2けた÷2けた＝1けた

● 筆算でしましょう。

1　76 ÷ 24

① 商がたつ位　×□　24)76

② 商の見当　70 ÷ 20 で 3

③ たてる → かける → ひく で計算

❶ たてる　3

24)76

❷ かける

❸ ひく

```
    2 4
 ×    3
```

2　95 ÷ 47

① ×□　47)95

② 90 ÷ 40 で 2

③ たてる → かける → ひく で計算

2

47)95

```
    4 7
 ×    2
```

3　52 ÷ 38

① ×□　38)52

② 50 ÷ 30 で 1

③ たてる → かける → ひく で計算

1

38)52

```
    3 8
 ×    1
```

名前

月　日

● 筆算でしましょう。

① 295 ÷ 42

① 商がたつ位　　×　×　□
42)295

② 商の見当　290 ÷ 40 で　7

③ たてる → かける → ひく で計算

❶ たてる

7

42)295

❷ かける　□ □ □

❸ ひく　□　　× 42
　　　　　　　　　 7

② 436 ÷ 51

① 　　　　×　×　□
51)436

② 430 ÷ 50 で　8

③ たてる → かける → ひく で計算

8

51)436

□ □ □

□ □　　× 51
　　　　　　 8

③ 159 ÷ 74

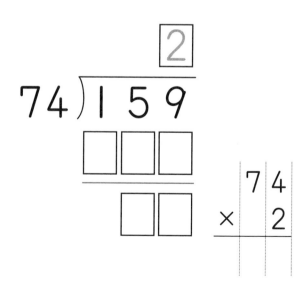

① 　　　　×　×　□
74)159

② 150 ÷ 70 で　2

③ たてる → かける → ひく で計算

2

74)159

□ □ □

□ □　　× 74
　　　　　　 2

名前

月　日

● 64 ÷ 25 を筆算でしましょう。

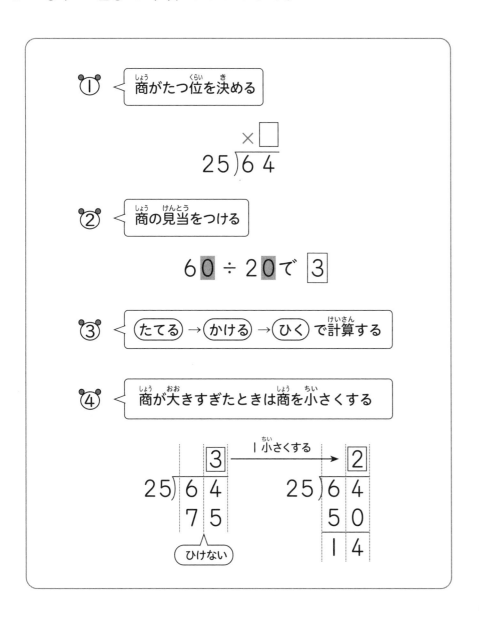

① 商がたつ位を決める

② 商の見当をつける

6**0** ÷ 2**0** で 3

③ たてる → かける → ひく で計算する

④ 商が大きすぎたときは商を小さくする

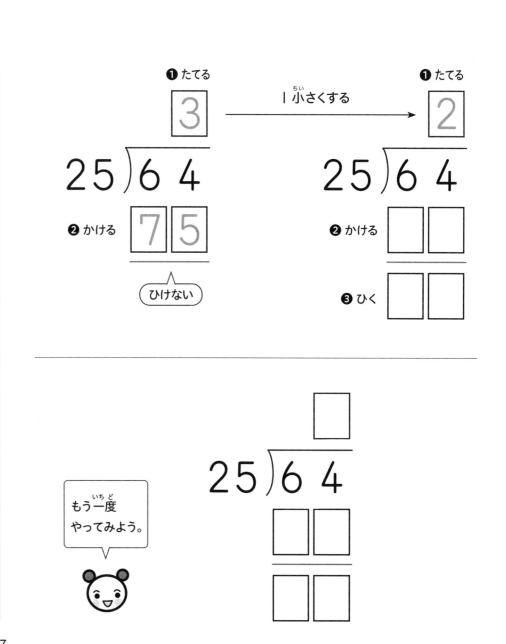

もう一度 やってみよう。

名前

月　日

● 筆算でしましょう。

①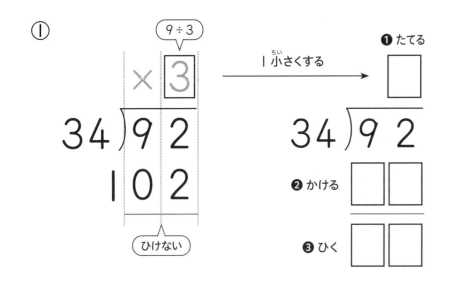

③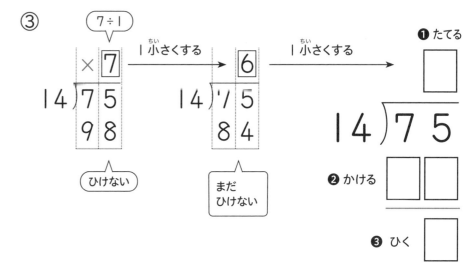

②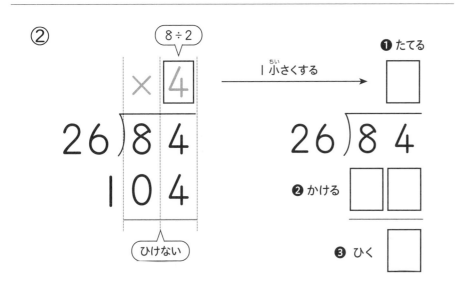

④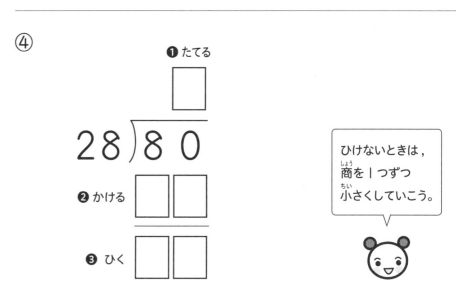

ひけないときは，商を1つずつ小さくしていこう。

名　前

月　日

● 筆算でしましょう。

①

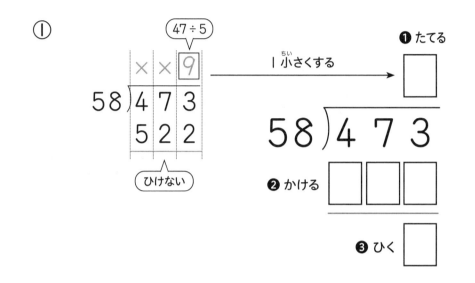

③

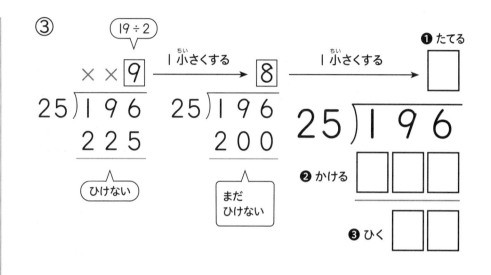

②

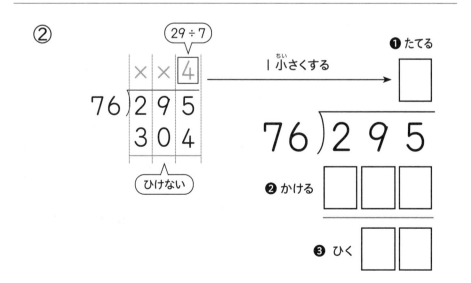

④

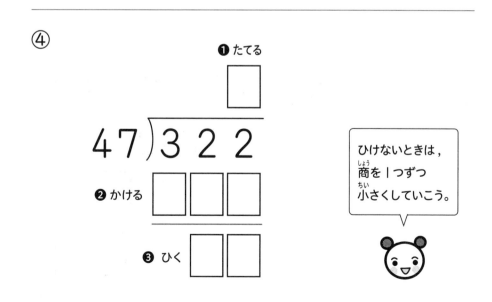

ひけないときは，
商を1つずつ
小さくしていこう。

● 筆算でしましょう。

①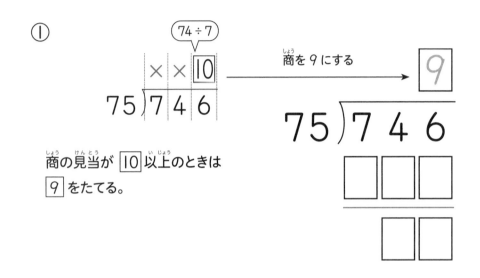

商の見当が 10 以上のときは 9 をたてる。

②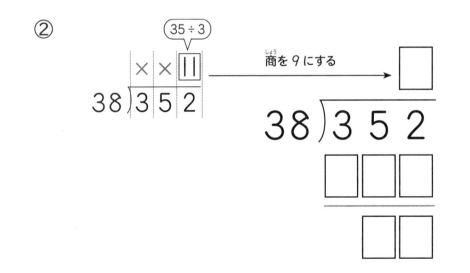

③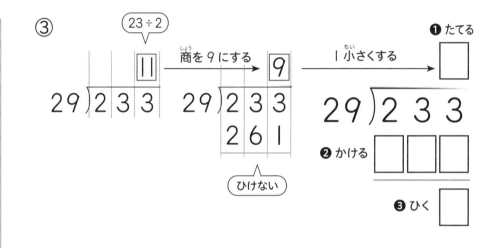

④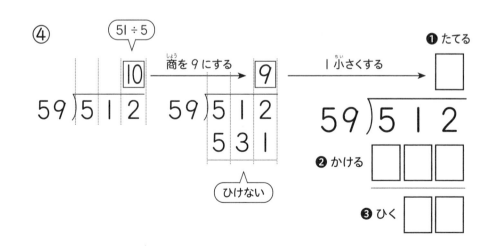

2けたでわる わり算の筆算 (10)

● 筆算でしましょう。

①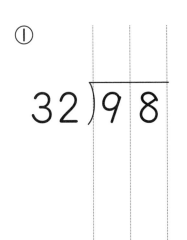

32⟌98

②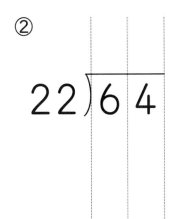

22⟌64

③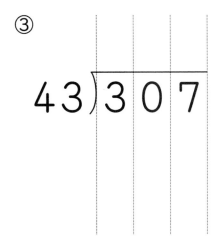

43⟌307

④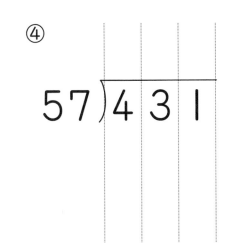

57⟌431

⑤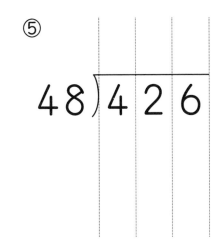

48⟌426

① 商がたつ位を決める

② 商の見当をつける

③ たてる → かける → ひく で計算する

④ 商が大きすぎたら小さくする

81

2けたでわる わり算の筆算 (11) 3けた÷2けた＝2けた

● 965 ÷ 34 を筆算でしましょう。

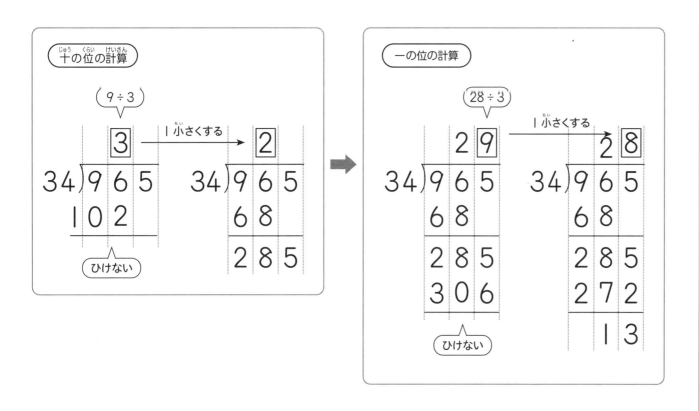

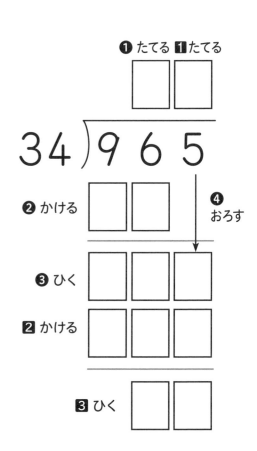

① 商がたつ位を決める

② 商の見当

③ たてる → かける → ひく (→ おろす)

④ 商が大きすぎたら小さくする

月	日	名 前

● 筆算でしましょう。

① 823 ÷ 45

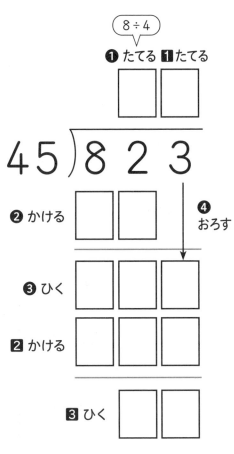

② 569 ÷ 27

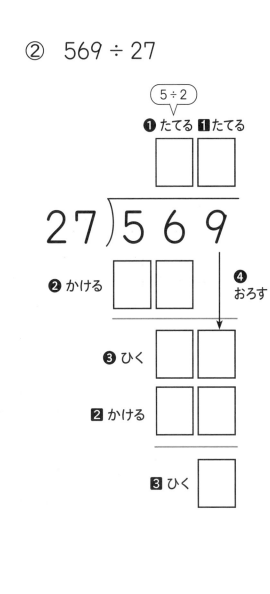

③ 957 ÷ 12

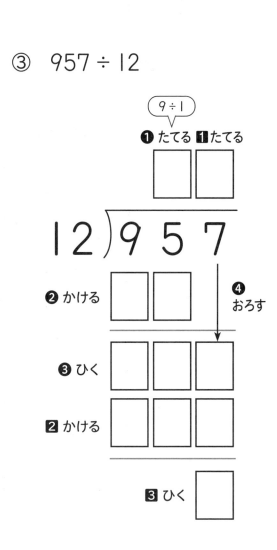

 商が大きすぎたら
1ずつ小さくしていこう。

2けたでわる わり算の筆算 (13) 3けた÷2けた＝2けた

		名 前
月	日	

● 筆算でしましょう。

① 538 ÷ 26

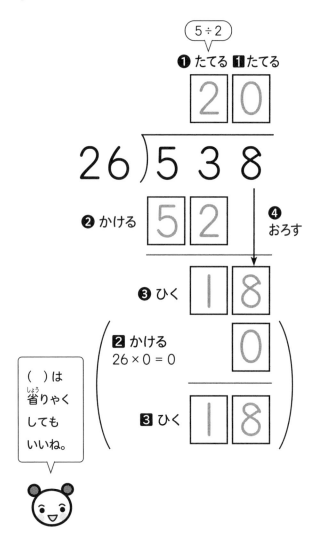

② 687 ÷ 34

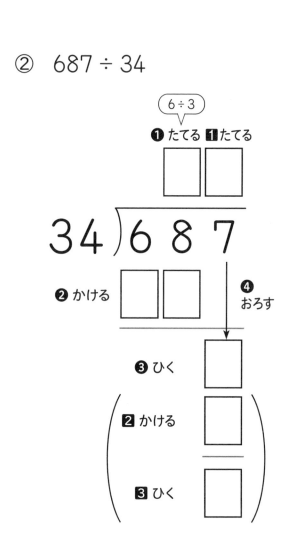

③ 910 ÷ 13

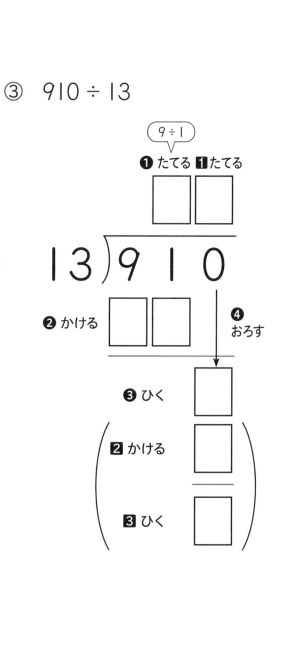

名 前

月　日

● 筆算でしましょう。

① 874 ÷ 36

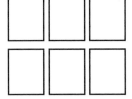

② 625 ÷ 14

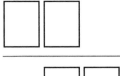

③ 902 ÷ 15

① 商がたつ位を決める　② 商の見当をつける
③ たてる → かける → ひく (→ おろす) で計算する　④ 商が大きすぎたら小さくする

2けたでわる わり算の筆算 (15)

名前

月　日

● □にあてはまる数を書いて，答えを求めましょう。

① $600 \div 300 = 6 \div$ [3]　答え □

（÷100 ／ ÷100）

② $280 \div 70 =$ □ $\div 7$　答え □

（÷ □ ／ ÷10）

③ $35 \div 5 = 7 \div$ □　答え □

④ $100 \div 25 =$ □ $\div 1$　答え □

■ $3200 \div 800$ を筆算でしましょう。

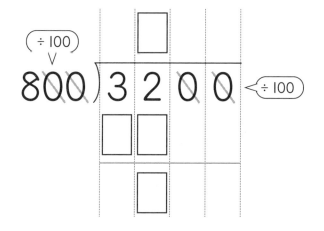

（÷100）

$800\overline{)3200}$ （÷100）

わられる数とわる数を
同じ数でわっても，
商は変わらないね。

86

倍の計算（割合）（1）

● ジンベエザメの体長は，イルカの体長の何倍ですか。

ジンベエザメ

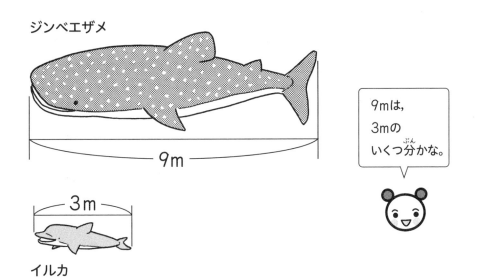

9m

3m

イルカ

9mは，
3mの
いくつ分かな。

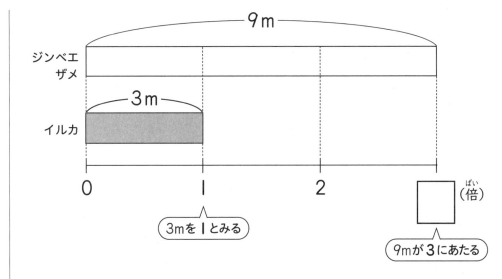

9m

ジンベエ
ザメ

3m

イルカ

0　　　　1　　　　2　　（倍）

3mを 1 とみる

9mが 3 にあたる

式

$$9 \div 3 = \boxed{}$$

答え　□ 倍

「3mの 3 倍が 9m」というのは，

「3mを $\boxed{1}$ とみたとき，

9mが $\boxed{3}$ にあたる大きさ」

ということを表しています。

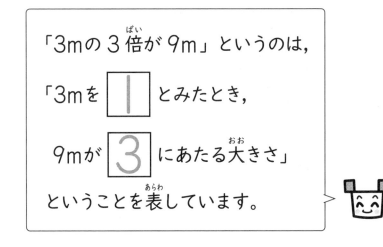

倍の計算 （割合） （2）

● 2ひきの犬の体重をくらべます。

　はな の体重は， むぎ の体重の何倍ですか。

はな
32kg

むぎ
8kg

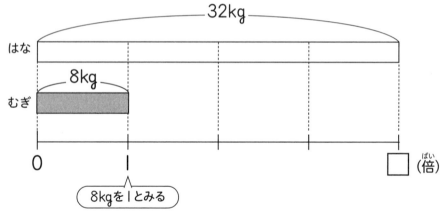

8kgを1とみる

式

答え □ 倍

● 高さが6cmだったヒマワリの芽が，今日はかると48cmでした。

① もとの高さの何倍に成長しましたか。

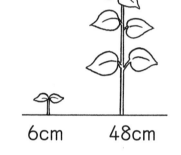

6cm　48cm

式

答え □ 倍

② □にあてはまる数を書きましょう。

6cmを1とみたとき，

48cmは □ にあたる大きさです。

倍の計算（割合）(3)

● 高さが50mのマンションがあります。

あるビルの高さは，マンションの高さの5倍です。

ビルの高さは何mですか。

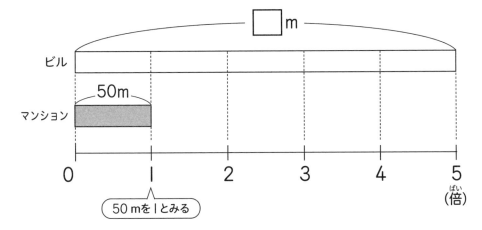

式　50 × 5 ＝ ☐

答え ☐ m

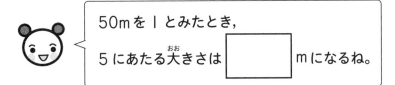

50mを1とみたとき，

5にあたる大きさは ☐ mになるね。

● えみさんは，くりを25こ拾いました。

お姉さんは，えみさんの2倍の数のくりを

拾いました。

① お姉さんは，くりを何こ拾いましたか。

式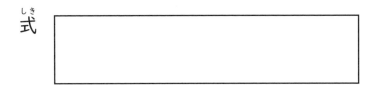

答え ☐ こ

② ☐にあてはまる数を書きましょう。

25こを1とみたとき，

2にあたる大きさは ☐ こです。

89

倍の計算（割合）（4）

● 親のペンギンの体重は 35kg です。

この体重は, 子どものペンギンの体重の7倍です。

子どものペンギンの体重は何kgですか

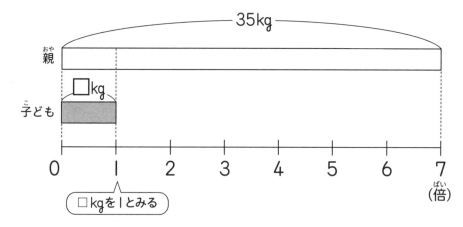

式 $35 ÷ 7 =$ ☐

答え ☐ kg

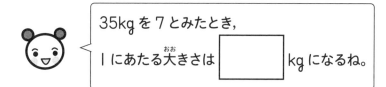

35kg を 7 とみたとき,
1にあたる大きさは ☐ kg になるね。

● メロンのねだんは, もものねだんの 2 倍で,

900 円です。もものねだんは何円ですか。

どちらのねだんを 1 とみたらいいかな。

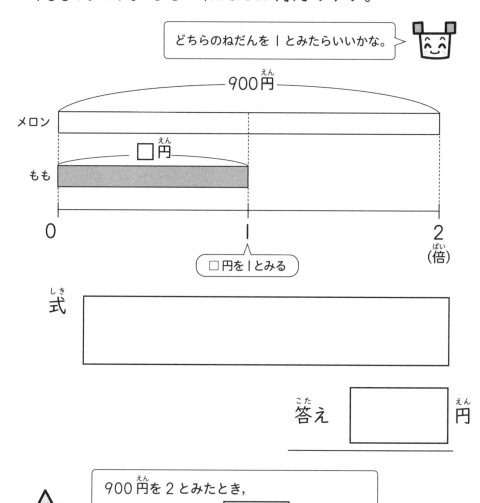

式

答え ☐ 円

900 円を 2 とみたとき,
1にあたる大きさは ☐ 円になるね。

がい数 (1)

● ヒマワリの高さは およそ何十cm ですか。

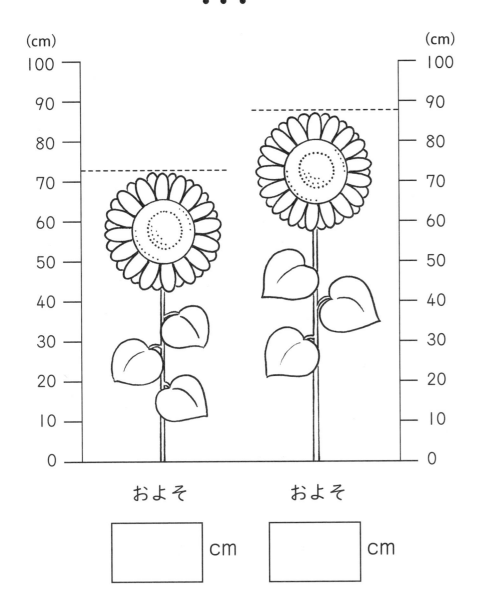

およそ　　　　　およそ

□ cm　　　□ cm

● えんぴつの長さは 約何cm ですか。

「およそ」のことを「約」ともいうよ。

①

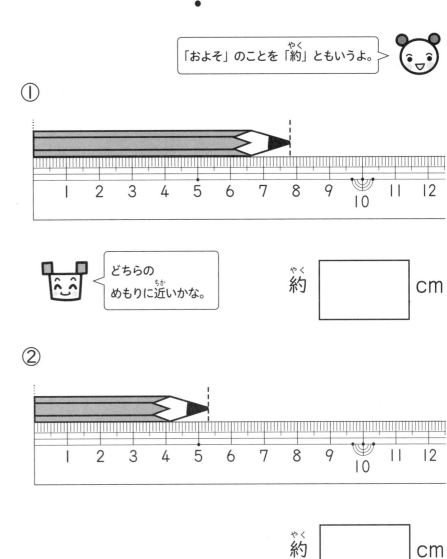

どちらの
めもりに近いかな。

約 □ cm

②

約 □ cm

がい数 (2)

● ある日の動物園の
入場者数は右の通りでした。
それぞれ約何百人といえば
よいですか。

午前	320 人
午後	370 人

① 数直線に↑で 320 人と 370 人をかき入れ，
300 と 400 のどちらに近いかを考えましょう。

300　　　　　350　　　　　400　（人）

② 320 人と 370 人は，約何百人といえますか。

320 人　⇒　約 ☐ 人

370 人　⇒　約 ☐ 人

③ ☐に入る数を書きましょう。

約 300 人といえるのは，十の位の数字が

☐, ☐, ☐, ☐, ☐ のときです。

約 400 人といえるのは，十の位の数字が

☐, ☐, ☐, ☐, ☐ のときです。

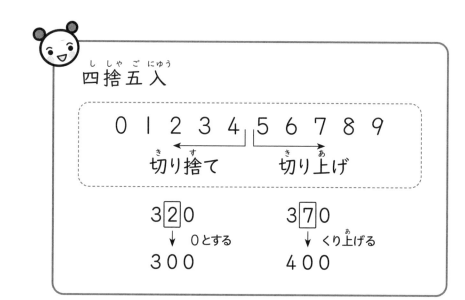

四捨五入

0 1 2 3 4　5 6 7 8 9
切り捨て　切り上げ

3 2 0　　　3 7 0
↓ 0とする　　↓ くり上げる
300　　　400

がい数 (3)

● 十の位の数字を四捨五入して,
　<u>約何百</u>とがい数で表しましょう。

① 260

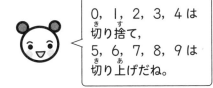

0, 1, 2, 3, 4 は
切り捨て,
5, 6, 7, 8, 9 は
切り上げだね。

百	十	一
2	⑥	0
3	0	0

約

② 423

一の位の数字は
0にするよ。

百	十	一
4	②	3
4	0	0

約

③ 758

百	十	一
7	⑤	8

約

● 百の位の数字を四捨五入して,
　<u>約何千</u>とがい数で表しましょう。

① 3480

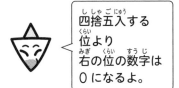

四捨五入する
位より
右の位の数字は
0になるよ。

千	百	十	一
3	④	8	0
3	0	0	0

約

② 5920

千	百	十	一
5	⑨	2	0

約

③ 8735

千	百	十	一
8	⑦	3	5

約

がい数 (4)

● 千の位の数字を四捨五入して，
約何万とがい数で表しましょう。

① 31500

一万	千	百	十	一
3	①	5	0	0
約				

② 77200

一万	千	百	十	一
7	⑦	2	0	0
約				

③ 86000

一万	千	百	十	一
8	⑥	0	0	0
約				

● 千の位の数字を四捨五入して，
一万の位までのがい数にしましょう。

一万の位までのがい数にするには，1つ下の千の位の数字を四捨五入するよ。

① 48270

一万	千	百	十	一
4	8	2	7	0
約				

② 60500

一万	千	百	十	一
6	0	5	0	0
約				

94

がい数 (5)

● 次の ①〜③ の数を四捨五入して，
上から1けたのがい数にしましょう。

① 860

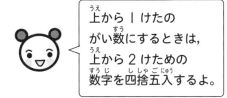

上から1けたの
がい数にするときは，
上から2けための
数字を四捨五入するよ。

上から1けた	上から2けた	
8	⑥	0
約 9	0	0

② 4095

4	⓪	9	5
約			

③ 78030

7	⑧	0	3	0
約				

● 次の ①，② の数を四捨五入して，
上から2けたのがい数にしましょう。

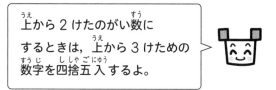

上から2けたのがい数に
するときは，上から3けための
数字を四捨五入するよ。

① 318

上から1けた	上から2けた	上から3けた
3	1	⑧
約		

② 6922

6	9	②	2
約			

95

がい数 (6)

		名 前
月	日	

● あてはまる数をすべて書きましょう。

① 1 から 10 までの整数で，5 以上 10 以下の数

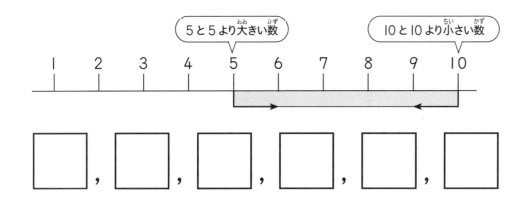

☐ , ☐ , ☐ , ☐ , ☐ , ☐

② 1 から 10 までの整数で，5 以上 10 未満の数

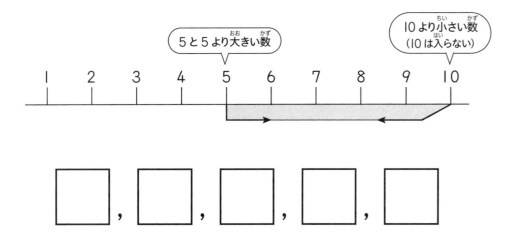

☐ , ☐ , ☐ , ☐ , ☐

③ 20 から 30 までの整数で，
22 以上 27 以下の数

④ 50 から 60 までの整数で，
54 以上 59 未満の数

96

がい数 (7)

● 一の位の数字を四捨五入して，十の位までのがい数にしたとき，70 になる整数について調べましょう。

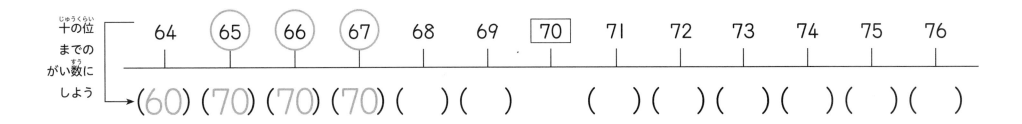

十の位までのがい数にしよう

| 64 | 65 | 66 | 67 | 68 | 69 | 70 | 71 | 72 | 73 | 74 | 75 | 76 |

(60) (70) (70) (70) (　) (　) 　(　) (　) (　) (　) (　) (　)

① 上の数直線で，十の位までのがい数にしたとき，70 になる整数に〇をつけましょう。

② 四捨五入して 70 になる整数のなかで，いちばん小さい数はいくつですか。

③ 四捨五入して 70 になる整数のなかで，いちばん大きい数はいくつですか。

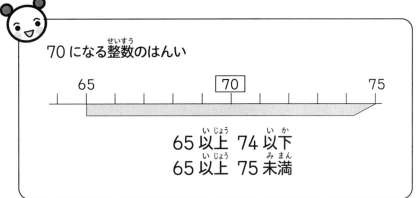

70 になる整数のはんい

| 65 | 70 | 75 |

65 以上 74 以下
65 以上 75 未満

がい数 (8)

● 十の位の数字を四捨五入して，百の位までのがい数にしたとき，300 になる整数について調べましょう。

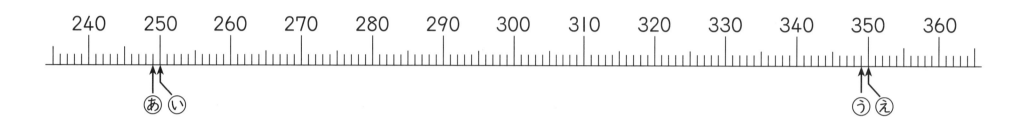

① あ〜え のめもりが表す数を百の位までのがい数にしましょう。

あ 249 →

い 250 →

う 349 →

え 350 →

② 四捨五入して 300 になる整数のなかで，いちばん小さい数はいくつですか。

③ 四捨五入して 300 になる整数のなかで，いちばん大きい数はいくつですか。

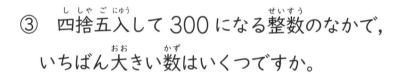

④ □にあてはまる数を書きましょう。

四捨五入して 300 になる整数のはんいは

250 以上　350 未満　です。

がい数 (9)

● ゆうたさんは，はさみとペンとノートを買います。

代金は約何百円ですか。四捨五入して，<u>百の位まで</u>のがい数にして見積もりましょう。

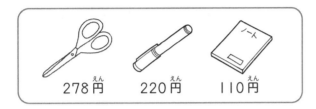

278円　　220円　　110円

はさみ　278円　→　約 [　　] 円

ペン　　220円　→　約 [　　] 円

ノート　110円　→　約 [　　] 円

式 [　　　　　　　　　　　　　　　　]

答え　約 [　　] 円

● かおりさんは，筆箱と消しゴムを買います。

1000円さつではらうと，おつりは 約何百円ですか。四捨五入して，<u>百の位まで</u>のがい数にして見積もりましょう。

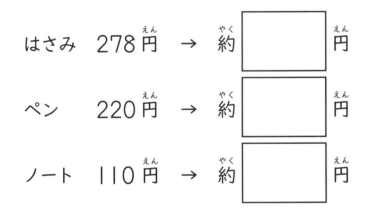

580円　　120円

ふで箱　　580円　→　約 [　　] 円

消しゴム 120円　→　約 [　　] 円

式

$$1000 - (\boxed{} + \boxed{}) = \boxed{}$$

答え　約 [　　] 円

がい数（10）

● 28人の子どもに 107円のジュースを 1本ずつ買います。代金の合計は約何円になりますか。

四捨五入して，<u>上から 1けた</u>のがい数にして見積もりましょう。

107円

子ども　28人　→　約 [　　　] 人

ジュース　107円　→　約 [　　　] 円

式

[　　　] × [　　　] = [　　　]

答え　約 [　　　] 円

107 × 28 = 2996
見積もりとくらべてみよう。

● 28人が焼きそばを作って食べます。材料代として 8960円かかりました。

1人分の材料代は約何円になりますか。

四捨五入して，<u>上から 1けた</u>のがい数にして見積もりましょう。

子ども　28人　→　約 [　　　] 人

材料代　8960円　→　約 [　　　] 円

式

[　　　] ÷ [　　　] = [　　　]

答え　約 [　　　] 円

8960 ÷ 28 = 320
見積もりとくらべてみよう。

がい数 (11)

● さくらさん，けんたさん，まいさんの３人が買い物に行きます。

代金を見積もってお金を用意しました。

３人は何の品物を買うのでしょうか。あてはまるものを線でむすびましょう。

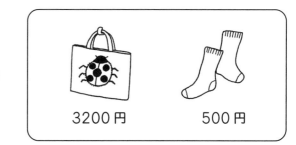

3200円　　500円

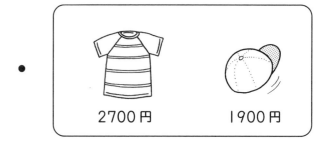

2700円　　1900円

800円

500円　　900円

※消費ぜいは考えません。

101

P.4

1億より大きい数 (1)

名前　月　日

● 人口を表に書いて読みましょう。

出典：総務省統計局

北海道
5382000 人

千万の位	百万の位	十万の位	一万の位	千の位	百の位	十の位	一の位
	5	3	8	2	0	0	0

佐賀県
833000 人

千万の位	百万の位	十万の位	一万の位	千の位	百の位	十の位	一の位
		8	3	3	0	0	0

東京都
13515000 人

千万の位	百万の位	十万の位	一万の位	千の位	百の位	十の位	一の位
1	3	5	1	5	0	0	0

4

P.5

1億より大きい数 (2)

名前　月　日

● 次の表に数を書きましょう。

千億の位	百億の位	十億の位	一億の位	千万の位	百万の位	十万の位	一万の位	千の位	百の位	十の位	一の位	
千万					1	0	0	0	0	0	0	0	10倍
一億				1	0	0	0	0	0	0	0	0	10倍
十億			1	0	0	0	0	0	0	0	0	0	10倍
百億		1	0	0	0	0	0	0	0	0	0	0	10倍
千億	1	0	0	0	0	0	0	0	0	0	0	0	

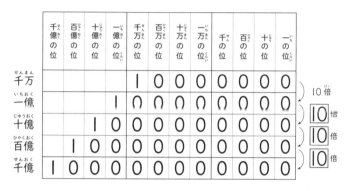 一，千，百，十がくり返し出てくるよ。

5

P.6

1億より大きい数 (3)

名前　月　日

● 2 7540 0000 という数について調べましょう。

① 表に書き入れましょう。

千億の位	百億の位	十億の位	一億の位	千万の位	百万の位	十万の位	一万の位	千の位	百の位	十の位	一の位
			2	7	5	4	0	0	0	0	0

② 2 は，何の位の数ですか。

一億 の位

③ 5 は，何の位の数ですか。

百万 の位

④ 2 7540 0000 を読んで，漢字で書きましょう。

二億七千五百四十万

⑤ 数字と漢字で表しましょう。

2億 7540万

6

P.7

1億より大きい数 (4)

名前　月　日

● 3186 4000 0000 という数について調べましょう。

① 表に書き入れましょう。

千億の位	百億の位	十億の位	一億の位	千万の位	百万の位	十万の位	一万の位	千の位	百の位	十の位	一の位
3	1	8	6	4	0	0	0	0	0	0	0

② 3 は，何の位の数ですか。

千億 の位

③ 8 は，何の位の数ですか。

十億 の位

④ 3186 4000 0000 を読んで，漢字で書きましょう。

三千百八十六億四千万

⑤ 数字と漢字で表しましょう。

3186億 4000万

7

P.8

1億より大きい数 (5)

名前　月　日

● 次の表の数を書き，□にあてはまる数を書きましょう。

千兆の位	百兆の位	十兆の位	一兆の位	千億の位	百億の位	十億の位	一億の位	千万の位	百万の位	十万の位	一万の位	千の位	百の位	十の位	一の位	
千億					1	0	0	0	0	0	0	0	0	0	0	⎫10倍
一兆				1	0	0	0	0	0	0	0	0	0	0	0	⎫10倍
十兆			1	0	0	0	0	0	0	0	0	0	0	0	0	⎫10倍
百兆		1	0	0	0	0	0	0	0	0	0	0	0	0	0	⎫10倍
千兆	1	0	0	0	0	0	0	0	0	0	0	0	0	0	0	

整数は，位が１つ上がるごとに **10** 倍になります。

8

P.9

1億より大きい数 (6)

名前　月　日

● 数を読みましょう。

① 略　4317826500 0000
（千百十一 千百十一 千百十一 千百十一）

 右から４けたごとに区切ると読みやすいよ。

② 2590800 6000000（兆 億 万）

③ 3070005390010000

● 数字で書きましょう。

① 七百六十三億 二千五百万

 まず，億や方にしるしをつけよう。

千	百	十	一	千	百	十	一	千	百	十	一	千	百	十	一
					7	6	3	2	5	0	0	0	0	0	0

（兆　億　万）

② 五兆千百七十億

千	百	十	一	千	百	十	一	千	百	十	一	千	百	十	一
			5	1	1	7	0	0	0	0	0	0	0	0	0

（兆　億　万）

③ 九百四兆八十億六千万

千	百	十	一	千	百	十	一	千	百	十	一	千	百	十	一
	9	0	4	0	0	8	0	6	0	0	0	0	0	0	0

（兆　億　万）

9

P.10

1億より大きい数 (7)

名前　月　日

● 表に数字で書きましょう。　表に書いたら，数を読みましょう。

① 1億を8こ，1000万を2こ，100万を6こあわせた数

千	百	十	一（兆）	千	百	十	一（億）	千	百	十	一（万）	千	百	十
							8	2	6	0	0	0	0	0	0

② 10兆を4こ，1兆を7こ，10億を9こあわせた数

千	百	十	一（兆）	千	百	十	一（億）	千	百	十	一（万）	千	百	十
		4	7	0	0	9	0	0	0	0	0	0	0	0	0

③ 1兆を6こ，1億を3こあわせた数

千	百	十	一（兆）	千	百	十	一（億）	千	百	十	一（万）	千	百	十
			6	0	0	0	3	0	0	0	0	0	0	0	0

10

P.11

1億より大きい数 (8)

名前　月　日

● □にあてはまる数を数字と漢字で書きましょう。

① 1億を12こ集めた数 → **12億**

千	百	十	一（兆）	千	百	十	一（億）	千	百	十	一（万）	千	百	十	一
							1	0	0	0	0	0	0	0	0
						1	2	0	0	0	0	0	0	0	0

② 1億を170こ集めた数 → **170億**

千	百	十	一（兆）	千	百	十	一（億）	千	百	十	一（万）	千	百	十	一
							1	0	0	0	0	0	0	0	0
					1	7	0	0	0	0	0	0	0	0	0

③ 1兆を300こ集めた数 → **300兆**

千	百	十	一（兆）	千	百	十	一（億）	千	百	十	一（万）	千	百	十	一
			1	0	0	0	0	0	0	0	0	0	0	0	0
3	0	0	0	0	0	0	0	0	0	0	0	0	0	0	0

11

P.12

1億より大きい数 (9)

名前　月　日

● □にあてはまる数を書きましょう。

めもりを順によんでいこう。

① 0 ～ 100億

10億　50億　80億

② 500億

100億　700億　1000億

③ 0 ～ 5000億

1000億　8000億　1兆

12

P.13

1億より大きい数 (10)

名前　月　日

● 30億を10倍した数，$\frac{1}{10}$にした数はいくつですか。

⑦ 10倍した数

30億 × 10 = **300** 億

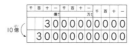

10倍 (3000000000
3000000000
10倍すると，位は1けた上がります。

④ $\frac{1}{10}$にした数

30億 ÷ 10 = **3** 億

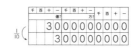

$\frac{1}{10}$ (3000000000
300000000
$\frac{1}{10}$にすると，位は1けた下がります。

● 5億を10倍した数，$\frac{1}{10}$にした数はいくつですか。

⑦ 10倍した数

5億 × 10 = **50** 億

④ $\frac{1}{10}$にした数

5億 ÷ 10 = **5000** 万

10倍 (5000000000
500000000
$\frac{1}{10}$ (50000000

13

P.14

1億より大きい数 (11)

名前　月　日

● 次の①～③の数を10倍した数はいくつですか。

① 200億　**2000億**

② 7兆　**70兆**

③ 8000万　**8億**

● 次の①～③の数を$\frac{1}{10}$にした数はいくつですか。

① 9億　**9000万**

② 2600億　**260億**

③ 45兆　**4兆5000億**

 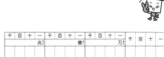

千	百	十	一	千	百	十	一	千	百	十	一	千	百	十	一
			兆				億				万				

14

P.15

1億より大きい数 (12)

名前　月　日

● 筆算でしましょう。

① 214 × 325

```
    2 1 4
  ×   3 2 5
  1 0 7 0  …214×5
    4 2 8   …214×2
  6 4 2    …214×3
  6 9 5 5 0
```

② 726 × 304

```
    7 2 6
  ×   3 0 4
  2 9 0 4
  0 0 0
  2 1 7 8
  2 2 0 7 0 4
```

書いてもよい。

■ 計算をしましょう。

① 27億 + 15億 = **42** 億

② 50兆 − 32兆 = **18** 兆

③ 20万 × 3 = **60** 万

15

児童に実施させる前に，必ず指導される方が問題を解いてください。本書の解答は，あくまでも１つの例です。指導される方の作られた解答をもとに，本書の解答例を参考に児童の多様な考えに寄り添って○つけをお願いします。

P.16

折れ線グラフと表 (1)

月	日		名前

● 下の折れ線グラフを見て，気温の変わり方を調べましょう。

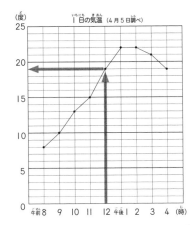

1日の気温 (4月5日調べ)

① 横のじくは何を表していますか。

時こく

② たてのじくの1めもりは何度ですか。

たてのじくは気温を表しているよ。

1 度

③ 12時の気温は何度ですか。

19 度

④ 気温が21度だったのは何時ですか。

(午後)3時

P.17

折れ線グラフと表 (2)

月	日		名前

● 下の折れ線グラフを見て，福岡市の気温の変わり方を調べましょう。

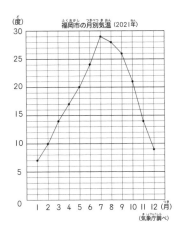

福岡市の月別気温 (2021年)

(気象庁調べ)

① 気温が上がっているのは，1月から何月までの間ですか。

1 月から **7** 月

② 気温が下がっているのは，7月から何月までの間ですか。

7 月から **12** 月

③ 気温の上がり方がいちばん大きいのは，何月から何月の間ですか。

6 月から **7** 月

④ 気温の下がり方がいちばん大きいのは，何月から何月の間ですか。

10 月から **11** 月

P.18

折れ線グラフと表 (3)

月	日		名前

● 1日の気温の変わり方を，折れ線グラフに表しましょう。

1日の気温 (5月3日調べ)

時こく (時)	午前8	9	10	11	12	午後1	2
気温 (度)	17	20	22	23	25	26	28

❶ 表題を書く。
❷ 横じくに時こくを書き，( )に単位を書く。
❸ たてじくに気温を書き，( )に単位を書く。
❹ それぞれの時こくの気温を表す点をうつ。
❺ 点を順に直線でつなぐ。

❶ **1日の気温**
(度)
30 / 25 / 20 / 15 / 10 / 5 / 0

❷ 8 9 **10 11** 12 1 **2** (時)

P.19

折れ線グラフと表 (4)

月	日		名前

● 仙台市（宮城県）の1年間の気温の変わり方を折れ線グラフに表しましょう。

仙台市の月別気温 (2021年) (気象庁調べ)

月	1	2	3	4	5	6	7	8	9	10	11	12
気温 (度)	1	4	9	12	17	21	24	25	21	16	11	5

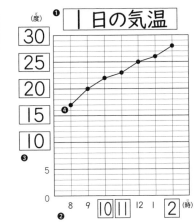

仙台市の月別気温
(度)
30 / 25 / 20 / 15 / 10 / 5 / 0

1 **2 3 4 5 6 7 8 9 10 11 12** (月)

105

P.20

折れ線グラフと表 (5)

月　日　名前

● ヒマワリの高さの変化を折れ線グラフに表しましょう。

ヒマワリの高さ調べ

日	7月4	5	6	7	8	9	10
高さ(cm)	84	89	92	93	95	98	102

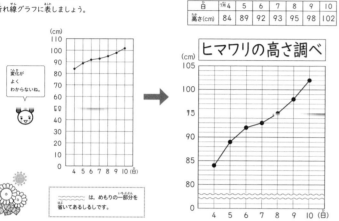

変化がよくわからないね。

ヒマワリの高さ調べ

〜〜〜は，めもりの一部分を省いてあるしるしです。

P.21

折れ線グラフと表 (6)

月　日　名前

● 下の㋐の表は，1週間のけが調べの記録です。
けがをした学年とけがの種類をそれぞれ表にまとめましょう。

㋐　けが調べ

学年	けがの種類
3年	すりきず
4年	ねんざ
2年	ねんざ
2年	すりきず
6年	つき指
2年	切りきず
5年	切りきず
1年	すりきず
3年	すりきず
5年	切りきず
3年	すりきず
2年	切りきず

紙に正の字をかいて，右のらんに数字であらわそう。

① どの学年がけがをしているかまとめましょう。

学年	人数 (人)
1年	正 1
2年	正 4
3年	正 3
4年	正 1
5年	正 2
6年	正 1
合計	12

② どんなけがをしているかまとめましょう。

けがの種類	人数 (人)
すりきず	正 5
切りきず	正 4
ねんざ	正 2
つき指	正 1
合計	12

P.22

折れ線グラフと表 (7)

月　日　名前

● けがをした学年とけがの種類を1つの表に整理しました。
表を見て答えましょう。

けがをした学年とけがの種類　(人)

種類＼学年	すりきず	切りきず	ねんざ	つき指	合計
1年	1	0	0	0	1
2年	1	2	1	0	4
3年	3	0	0	0	3
4年	0	0	1	0	1
5年	0	2	0	0	2
6年	0	0	0	1	1
合計	5	4	2	1	㋐

① 2年生で切りきずをした人は何人ですか。

2人

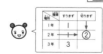

② ㋐ に入る数はいくつですか。

12

③ どの学年で，どんなけがをした人がいちばん多いですか。

学年　**3年** で　種類 **すりきず** のけがをした人

P.23

折れ線グラフと表 (8)

月　日　名前

● 落としものがあった場所と落としものの種類を調べました。
1つの表に整理しましょう。

落としもの調べ

場所	種類
ろうか	えんぴつ
ろうか	ハンカチ
教室	えんぴつ
げた箱	ぼうし
運動場	ぼうし
ろうか	えんぴつ
教室	ハンカチ
教室	えんぴつ
運動場	ぼうし
げた箱	水とう
運動場	ハンカチ
教室	えんぴつ

まずは正の字をかいて，右のらんに数字でまとめよう。

落としものの場所と種類　(こ)

種類＼場所	えんぴつ	ハンカチ	ぼうし	水とう	合計
教室	下 3	一 1			4
ろうか	T 2	一 1			3
運動場		一 1	T 2		3
げた箱			一 1	一 1	2
合計	5	3	3	1	12

場所 **教室** での 種類 **えんぴつ** の落としものがいちばん多い。

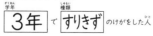

P.24

折れ線グラフと表（9）

		名前
月	日	

● 下の表は，4年1組で水泳とマラソンが好きかきらいか調べて整理したものです。表を見て答えましょう。

水泳とマラソンの好ききらい調べ

		マラソン		合計
		好き	きらい	
水泳	好き	10	8	18
	きらい	2	5	7
合計		12	13	あ

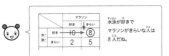

水泳が好きでマラソンがきらいな人は8人だね。

① 水泳が好きな人は何人ですか。　**18人**

② 水泳とマラソンのどちらも好きな人は何人ですか。　**10人**

③ 水泳とマラソンのどちらもきらいな人は何人ですか。　**5人**

④ あに入る数はいくつですか。　**25**

24

P.25

1けたでわる わり算の筆算（1）

		名前
月	日	

● わり算の筆算をしましょう。

① 28 ÷ 7

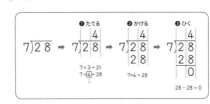

❶たてる　❷かける　❸ひく

7×3 = 21
7×4 = 28
28 − 28 = 0

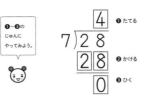

❶～❸のじゅんにやってみよう。

```
   4
7)2 8
  2 8   ❷かける
    0   ❸ひく
```
❶たてる

② 54 ÷ 9

```
    6
9)5 4
  5 4
    0
```

③ 42 ÷ 6

```
    7
6)4 2
  4 2
    0
```

25

P.26

1けたでわる わり算の筆算（2）

		名前
月	日	

● わり算の筆算をしましょう。

① 25 ÷ 9

9×2 = 18
9×3 = 27

25 ÷ 9 = 2あまり7になるね。

❶たてる
❷かける 9×2 = 18
❸ひく 25 − 18 = 7

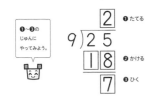

❶～❸のじゅんにやってみよう。

```
    2
9)2 5
  1 8
    7
```
❶たてる　❷かける　❸ひく

② 56 ÷ 8

```
    7
8)5 6
  5 6
    0
```

③ 32 ÷ 4

```
    8
4)3 2
  3 2
    0
```

④ 39 ÷ 5

```
    7
5)3 9
  3 5
    4
```

⑤ 28 ÷ 3

```
    9
3)2 8
  2 7
    1
```

26

P.27

1けたでわる わり算の筆算（3）

		名前
月	日	

● わり算の筆算をしましょう。

① 7 ÷ 2

```
    3
2)7
  6
  1
```
❶たてる 2×3 = 6　2×4 = 8
❷かける 2×3 = 6
❸ひく 7 − 6 = 1

② 9 ÷ 4

```
    2
4)9
  8
  1
```

③ 8 ÷ 3

```
    2
3)8
  6
  2
```

④ 5 ÷ 7

```
    0
7)5
  0
  5
```
❶たてる 5は7でわれない
❷かける 7×0 = 0
❸ひく 5 − 0 = 5

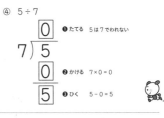

⑤ 7 ÷ 8

```
    0
8)7
  0
  7
```

⑥ 0 ÷ 5

```
    0
5)0
  0
  0
```

27

P.28

1けたでわる わり算の筆算（4）2けた÷1けた＝2けた

● 74÷2 を筆算でしましょう。

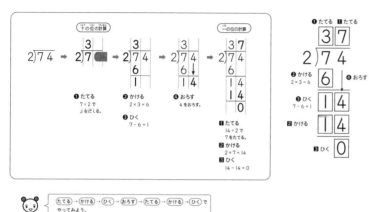

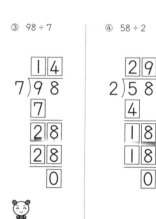

たてる → かける → ひく → おろす → たてる → かける → ひく で
やってみよう。

28

P.29

1けたでわる わり算の筆算（5）2けた÷1けた＝2けた

● 筆算でしましょう。

① 81÷3　② 56÷4　③ 98÷7　④ 58÷2

①たてる ❶たてる	① ❶		
2 7	**1 4**	**1 4**	**2 9**
3) 8 1	4) 5 6	7) 9 8	2) 5 8
❷かける 6 ❹おろす	❷ 4 ❹	7	4
❸ひく 2 1	❸ 1 6 ❹	2 8	1 8
❷かける 2 1	❷ 1 6	2 8	1 8
❸ひく 0	❸ 0	0	0

29

P.30

1けたでわる わり算の筆算（6）2けた÷1けた＝2けた

● 筆算でしましょう。

① 97÷2　② 74÷3　③ 83÷5　④ 95÷7

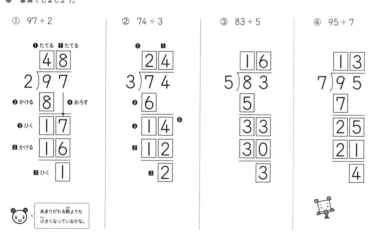

あまりがわる数よりも
小さくなっているかな。

30

P.31

1けたでわる わり算の筆算（7）2けた÷1けた＝2けた

● 筆算でしましょう。

① 87÷4　② 95÷3　③ 68÷2　④ 59÷5

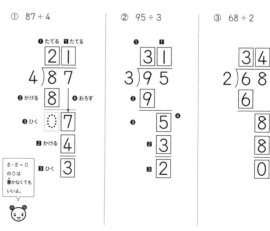

8−8＝0
の0は
書かなくても
いいよ。

31

108

P.32

1けたでわる わり算の筆算（8） 2けた÷1けた＝2けた　　名前　月　日

● 筆算でしましょう。

① 62÷3　　② 75÷7　　③ 82÷4　　④ 80÷8

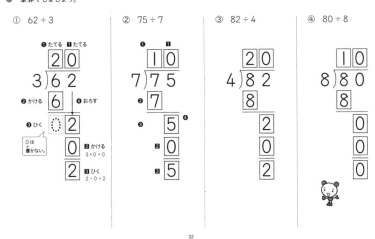

① ❶たてる ❶たてる
$$\begin{array}{r} 20 \\ 3\overline{)62} \\ 6 \\ \hline 02 \\ 0 \\ \hline 2 \end{array}$$
❷かける 6　❹おろす　❸ひく 0
0は書かない。　❷かける 3×0＝0　❸ひく 2−0＝2

②
$$\begin{array}{r} 10 \\ 7\overline{)75} \\ 7 \\ \hline 5 \\ 0 \\ \hline 5 \end{array}$$

③
$$\begin{array}{r} 20 \\ 4\overline{)82} \\ 8 \\ \hline 2 \\ 0 \\ \hline 2 \end{array}$$

④
$$\begin{array}{r} 10 \\ 8\overline{)80} \\ 8 \\ \hline 0 \\ 0 \\ \hline 0 \end{array}$$

32

P.33

1けたでわる わり算の筆算（9） 3けた÷1けた＝3けた　　名前　月　日

● 792÷3 を筆算でしましょう。

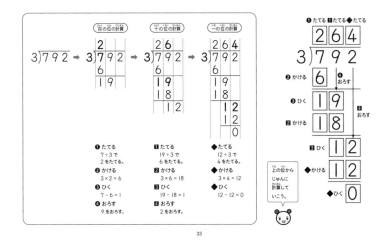

〔百の位の計算〕〔十の位の計算〕〔一の位の計算〕

❶たてる 7÷3で2をたてる。　❷かける 3×2＝6　❸ひく 7−6＝1　❹おろす 9をおろす。

❶たてる 19÷3で6をたてる。　❷かける 3×6＝18　❸ひく 19−18＝1　❹おろす 2をおろす。

◆たてる 12÷3で4をたてる。　◆かける 3×4＝12　◆ひく 12−12＝0

$$\begin{array}{r} 264 \\ 3\overline{)792} \\ 6 \\ \hline 19 \\ 18 \\ \hline 12 \\ 12 \\ \hline 0 \end{array}$$

上の位からじゅんに計算していこう。

33

P.34

1けたでわる わり算の筆算（10） 3けた÷1けた＝3けた　　名前　月　日

● 筆算でしましょう。

① 773÷5　　② 820÷3　　③ 954÷4

① ❶たてる ❶たてる ◆たてる
$$\begin{array}{r} 154 \\ 5\overline{)773} \\ 5 \\ \hline 27 \\ 25 \\ \hline 23 \\ 20 \\ \hline 3 \end{array}$$
❷かける 5　❹おろす　❸ひく 27　❷かける 25　❹おろす　❸ひく 23　◆かける 20　◆ひく 3

❶ 百の位 ❶ 十の位 ◆ 一の位 のじゅんで 商をたてよう。

②
$$\begin{array}{r} 273 \\ 3\overline{)820} \\ 6 \\ \hline 22 \\ 21 \\ \hline 10 \\ 9 \\ \hline 1 \end{array}$$

③
$$\begin{array}{r} 238 \\ 4\overline{)954} \\ 8 \\ \hline 15 \\ 12 \\ \hline 34 \\ 32 \\ \hline 2 \end{array}$$

34

P.35

1けたでわる わり算の筆算（11） 3けた÷1けた＝3けた　　名前　月　日

● 筆算でしましょう。

① 965÷3　　② 580÷5　　③ 605÷4

① ❶ ❶ ◆
$$\begin{array}{r} 321 \\ 3\overline{)965} \\ 9 \\ \hline 06 \\ 6 \\ \hline 05 \\ 3 \\ \hline 2 \end{array}$$
❷ 9　❸ 06　◆ 05
0は書かなくてよかったね。

❶たてる ❷かける ❸ひく ❹おろす
❶たてる ❷かける ❸ひく ❹おろす
◆たてる ◆かける ◆ひく

②
$$\begin{array}{r} 116 \\ 5\overline{)580} \\ 5 \\ \hline 8 \\ 5 \\ \hline 30 \\ 30 \\ \hline 0 \end{array}$$

③
$$\begin{array}{r} 151 \\ 4\overline{)605} \\ 4 \\ \hline 20 \\ 20 \\ \hline 5 \\ 4 \\ \hline 1 \end{array}$$

35

P.36

1けたでわるわり算の筆算（12）3けた÷1けた＝3けた

名前　月　日

● 筆算でしましょう。

① 823 ÷ 8

```
    1 0 2
8 ) 8 2 3
    8
      2
      0
      2 3
      1 6
        7
```

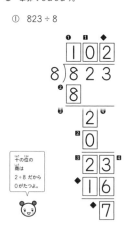

十の位の商は 2÷8 だから 0 がたつよ。

② 904 ÷ 6

```
    1 5 0
6 ) 9 0 4
    6
    3 0
    3 0
        4
        0
        4
```

③ 700 ÷ 5

```
    1 4 0
5 ) 7 0 0
    5
    2 0
    2 0
        0
        0
        0
```

P.37

1けたでわるわり算の筆算（13）3けた÷1けた＝2けた

名前　月　日

● 356 ÷ 4 を筆算でしましょう。

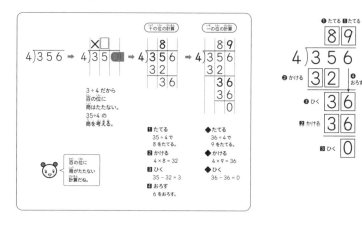

```
    8 9
4 ) 3 5 6
    3 2
      3 6
      3 6
        0
```

P.38

1けたでわる わり算の筆算（14）3けた÷1けた＝2けた

名前　月　日

● 筆算でしましょう。

① 597 ÷ 7

百の位に商はたたない

```
    8 5
7 ) 5 9 7
    5 6
    3 7
    3 5
      2
```

❶たてる ❶たてる
❷かける ❹おろす
❸ひく
❷かける
❸ひく

② 316 ÷ 6

```
    5 2
6 ) 3 1 6
    3 0
    1 6
    1 2
      4
```

③ 600 ÷ 8

```
    7 5
8 ) 6 0 0
    5 6
    4 0
    4 0
      0
```

P.39

1けたでわる わり算の筆算（15）3けた÷1けた＝2けた

名前　月　日

● 筆算でしましょう。

① 429 ÷ 6

百の位に商はたたない

```
    7 1
6 ) 4 2 9
    4 2
      9
      6
      3
```

❶たてる ❶たてる
❷かける ❹おろす
❸ひく
❷かける
❸ひく

② 308 ÷ 5

```
    6 1
5 ) 3 0 8
    3 0
      8
      5
      3
```

③ 569 ÷ 7

```
    8 1
7 ) 5 6 9
    5 6
      9
      7
      2
```

解答

P.40

1けたでわる わり算の筆算 (16) 3けた÷1けた＝2けた

名前 月 日

● 筆算でしましょう。

① 485÷8

0を書くのをわすれないように

❶たてる ❶たてる
❷かける
❸ひく ❹おろす
❷かける
❸ひく

② 321÷4

③ 720÷9

40

P.41

1けたでわる わり算の筆算 (17)

名前 月 日

● 次の計算をして，答えのたしかめもしましょう。

①

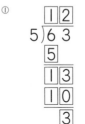

②

③

$63 \div 5 = \boxed{12}$ あまり $\boxed{3}$

たしかめ
わる数 商 あまり わられる数
$\boxed{5} \times \boxed{12} + \boxed{3} = \boxed{63}$

$87 \div 4 = \boxed{21}$ あまり $\boxed{3}$

たしかめ
$\boxed{4} \times \boxed{21} + \boxed{3} = \boxed{87}$

$92 \div 3 = \boxed{30}$ あまり $\boxed{2}$

たしかめ
$\boxed{3} \times \boxed{30} + \boxed{2} = \boxed{92}$

41

P.42

角の大きさ (1)

名前 月 日

● あ〜おの角の大きさを見て答えましょう。

あ い う え お

2本のぼうのうち1本を動かしていろいろな大きさの角を作るよ。

① 直角はどれですか。 $\boxed{い}$

② う，え，おは，それぞれ何直角ですか。

う，え，おは，直角の何こ分かな。

う $\boxed{2}$ 直角　え $\boxed{3}$ 直角　お $\boxed{4}$ 直角

42

P.43

角の大きさ (2)

名前 月 日

● □からあてはまる角度をえらんで□に書きましょう。

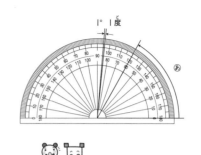

1° 1度

あ

① 直角を90に等分した1つ分の角の大きさ（角度）は何度ですか。

$\boxed{1°}$

② あの角度は何度ですか。

$\boxed{60°}$

③ 2直角は何度ですか。

$\boxed{180°}$

180°　120°　60°　1°

43

111

P.44

角の大きさ（3）

名前　月　日

● 分度器のめもりをよみましょう。

①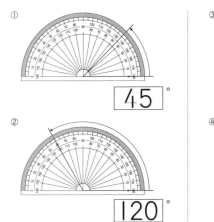

45 °

③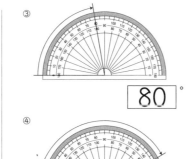

80 °

②

120 °

④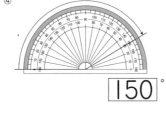

150 °

44

P.45

角の大きさ（4）

名前　月　日

● 分度器を使って，あ～えの角度をはかりましょう。

①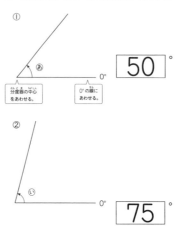

分度器の中心をあわせる。　0°の線にあわせる。

50 °

③

135 °

②

75 °

④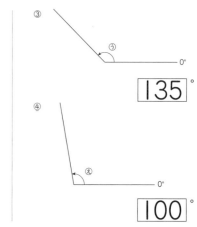

100 °

45

P.46

角の大きさ（5）

名前　月　日

● 分度器を使って，あ～えの角度をはかりましょう。

①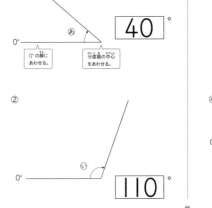

0°の線にあわせる。　分度器の中心をあわせる。

40 °

③ 辺の長さが短いときはのばしてはかる。

35 °

②

110 °

④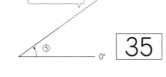

分度器の中心

95 °

46

P.47

角の大きさ（6）

名前　月　日

● 三角じょうぎの角度はそれぞれ何度ですか。

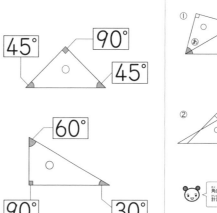

45°　90°　45°

60°　90°　30°

● 下のあ，いの角度をそれぞれ求めましょう。

①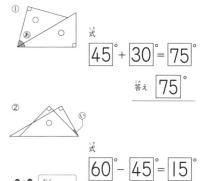

式　45° + 30° = 75°

答え　75°

②

式　60° - 45° = 15°

角度も計算できるよ。

答え　15°

47

112

P.48

角の大きさ（7）

名前　月　日

● □にあてはまる角度を書きましょう。

直角 ＝ 　90　°

2直角 ＝ 　180　°
（半回転）

3直角 ＝ 　270　°

4直角 ＝ 　360　°
（1回転）

● あの角度をくふうしてはかりましょう。

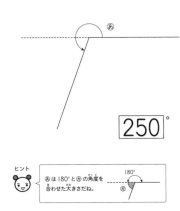

250°

ヒント
あは180°と②の角度を合わせた大きさだね。

P.49

角の大きさ（8）

名前　月　日

● あと○の角度をくふうしてはかりましょう。

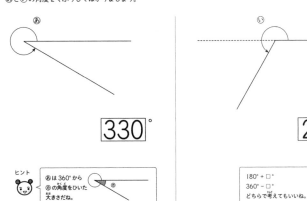

330°

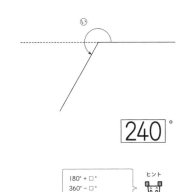

240°

ヒント
あは360°から②の角度をひいた大きさだね。

180° ＋ □°
360° － □°
どちらで考えてもいいね。　ヒント

P.50

角の大きさ（9）

名前　月　日

● あ～③の角度を計算で求めましょう。

①
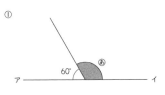

式

180 － 　60　 ＝ 　120

あ　120°

ヒント
直線アイは180°
180°から60°をひくといいね。

②

式　180－50＝130　　式　180－50＝130

○　130°　　③　130°

ヒント

P.51

角の大きさ（10）

名前　月　日

● 分度器を使って矢印の方向に角をかきましょう。

① 70°

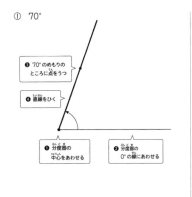

❸ 70°のめもりのところに点をうつ

❹ 直線をひく

❶ 分度器の中心をあわせる

❷ 分度器の0°の線にあわせる

② 120°

❶～❹のじゅんにかいてみよう。

P.52

角の大きさ (11)

名前　月　日

● 分度器を使って矢印の方向に角をかきましょう。

① 80°

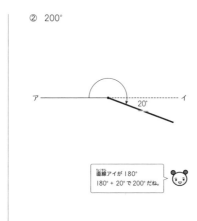

80°のめもりに点をうつ

0°の線にあわせる

分度器の中心

② 200°

ア ─────── イ

20°

直線アイが180°
180° + 20° で200°だね。

52

P.53

角の大きさ (12)

名前　月　日

● 次のような三角形をかきましょう。

①

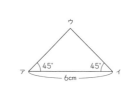

ウ
ア 45°　45° イ
6cm

②

ウ
ア 80°　40° イ
5cm

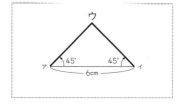

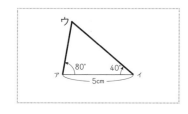

53

P.54

小 数 (1)

名前　月　日

● 下の水のかさは何 L ですか。

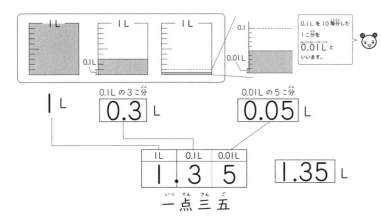

0.1L を10等分した1こ分を0.01L といいます。

1 L

0.1L の3こ分
0.3 L

0.01L の5こ分
0.05 L

1L	0.1L	0.01L
1	3	5

1.35 L

一点三五

54

P.55

小 数 (2)

名前　月　日

● 次の①〜④のかさは何 L ですか。

① 0.01L の 8 こ分のかさ

1L	0.1L	0.01L
0	0	8

0.08 L

読み (れいてんれいはち) L

② 0.1L を 1 こと, 0.01L を 6 こ
あわせたかさ

1L	0.1L	0.01L
0	1	6

0.16 L

読み (れいてんいちろく) L

③ 1L を 2 こと, 0.1L を 7 こと,
0.01L を 3 こあわせたかさ

1L	0.1L	0.01L
2	7	3

2.73 L

読み (にてんななさん) L

④ 1L を 3 こと, 0.01L を 5 こ
あわせたかさ

1L	0.1L	0.01L
3	0	5

3.05 L

読み (さんてんれいご) L

55

児童に実施させる前に，必ず指導される方が問題を解いてください。本書の解答は，あくまでも1つの例です。指導される方の作られた解答をもとに，本書の解答例を参考に児童の多様な考えに寄り添って○つけをお願いします。

P.56

小数 (3)

	名前
月　日	

● 下の数直線を見て答えましょう。

0　0.1　0.2　0.3　0.4　0.5　0.6　0.7　0.8　0.9　1　1.1　1.2

⑦ 0.01　④　⑦　⊆

① ⑦のめもりが表す数を上の□に書きましょう。

0.1を10等分した1こ分の大きさは0.01です。

② ④, ⑦, ⊆のめもりが表す数を書きましょう。

④ 0.4と0.01が5こで

0.45

1	0.1	0.01
0	4	5

⑦ 0.7と0.01が2こで

0.72

1	0.1	0.01
0	7	2

⊆ 1と0.01が7こで

1.07

1	0.1	0.01
1	0	7

56

P.57

小数 (4)

	名前
月　日	

● 下の数直線を見て答えましょう。

0　0.01　0.02　0.03　0.04　0.05

⑦ 0.001　④　⑦　⊆

① ⑦のめもりが表す数を上の□に書きましょう。

0.01を10等分した1こ分の大きさは0.001です。

② ④, ⑦, ⊆のめもりが表す数を書きましょう。

④ 0.001が9こで

0.009

1	0.1	0.01	0.001
0	0	0	9

⑦ 0.02と0.001が3こで

0.023

1	0.1	0.01	0.001
0	0	2	3

⊆ 0.03と0.001が7こで

0.037

1	0.1	0.01	0.001
0	0	3	7

57

P.58

小数 (5)

	名前
月　日	

● kmを単位として小数で表しましょう。

① 3km764m

3.764 km

1km	0.1km (100m)	0.01km (10m)	0.001km (1m)
3	7	6	4

② 1km200m

1.2 km

1km	0.1km (100m)	0.01km (10m)	0.001km (1m)
1	2	0	0

③ 358m

0.358 km

1km	0.1km (100m)	0.01km (10m)	0.001km (1m)
0	3	5	8

● kgを単位として小数で表しましょう。

① 7kg415g

7.415 kg

1kg	0.1kg (100g)	0.01kg (10g)	0.001kg (1g)
7	4	1	5

② 2kg80g

2.08 kg

1kg	0.1kg (100g)	0.01kg (10g)	0.001kg (1g)
2	0	8	0

③ 52g

0.052 kg

1kg	0.1kg (100g)	0.01kg (10g)	0.001kg (1g)
0	0	5	2

58

P.59

小数 (6)

	名前
月　日	

● 1, 0.1, 0.01, 0.001 の関係について□にあてはまる数を書きましょう。

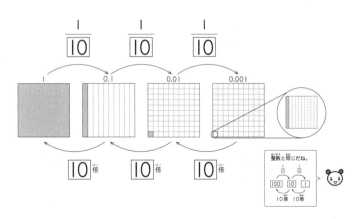

$\frac{1}{10}$　$\frac{1}{10}$　$\frac{1}{10}$

1　0.1　0.01　0.001

10倍　10倍　10倍

整数と同じだね。

100	10	1

10倍　10倍

59

115

P.60

小数 (7)

	名前
月　日	

● 0.1，0.01，0.001 は，
それぞれ 1 の何分の一ですか。

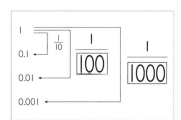

● 0.1，0.01，0.001 は，
それぞれ何倍すると 1 になりますか。

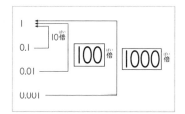

■ 10 は 0.1 の何倍ですか。

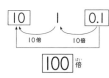

60

P.61

小数 (8)

	名前
月　日	

● 4.726 という数について□にあてはまる数を
書きましょう。

一の位	$\frac{1}{10}$ の位 (小数第一位)	$\frac{1}{100}$ の位 (小数第二位)	$\frac{1}{1000}$ の位 (小数第三位)
4	7	2	6

① $\frac{1}{100}$ の位の数字は **2** です。

② $\frac{1}{1000}$ の位の数字は **6** です。

③ 4.726 は，1 を **4** こ，0.1 を **7** こ，
0.01 を **2** こ，0.001 を **6** こ
あわせた数です。

● 9.058 という数について□にあてはまる数を
書きましょう。

一の位	$\frac{1}{10}$ の位 (小数第一位)	$\frac{1}{100}$ の位 (小数第二位)	$\frac{1}{1000}$ の位 (小数第三位)
9	0	5	8

① 8 は， $\frac{1}{1000}$ の位の数字です。

② 8 は， **0.001** が 8 こあることを表しています。

③ 9.058 は，1 を **9** こ，0.01 を **5** こ，
0.001 を **8** こあわせた数です。

61

P.62

小数 (9)

	名前
月　日	

● 下の数直線を見て答えましょう。

① 0.1 は，0.01 を **10** こ集めた数です。

② 0.5 は，0.01 を **50** こ集めた数です。

③ 1 は，0.01 を **100** こ集めた数です。

④ 1.24 は，0.01 を **124** こ集めた数です。

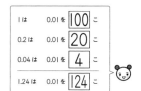

62

P.63

小数 (10)

	名前
月　日	

● 次の①～⑤の数は，0.01 を何こ集めた数ですか。

0.1 は 0.01 を 10 こ集めた数
1 は 0.01 を 100 こ集めた数だね。

① 0.07

7 こ

一の位	$\frac{1}{10}$ の位	$\frac{1}{100}$ の位
0	0	7
0	0	1

② 0.63

63 こ

一の位	$\frac{1}{10}$ の位	$\frac{1}{100}$ の位
0	6	3
0	0	1

③ 5.21

521 こ

一の位	$\frac{1}{10}$ の位	$\frac{1}{100}$ の位
5	2	1
0	0	1

④ 9

900 こ

一の位	$\frac{1}{10}$ の位	$\frac{1}{100}$ の位
9	0	0
0	0	1

⑤ 2.7

270 こ

一の位	$\frac{1}{10}$ の位	$\frac{1}{100}$ の位
2	7	0
0	0	1

63

P.64

小 数 (11)

名前　月　日

● 0.76 を 10 倍，100 倍した数を書きましょう。

	十の位	一の位	$\frac{1}{10}$の位	$\frac{1}{100}$の位
		0 · 7	6	
0.76×10		7 · 6		
0.76×100	7	6 ·		

（10倍）（100倍）

10倍すると，位は1けたずつ上がるよ。

■ 次の①，②の数を10倍，100倍した数を書きましょう。

① 3.4

百の位	十の位	一の位	$\frac{1}{10}$の位	$\frac{1}{100}$の位
		3 ·	4	
10倍		3	4 ·	
100倍	3	4	0 ·	

② 0.08

百の位	十の位	一の位	$\frac{1}{10}$の位	$\frac{1}{100}$の位
		0 ·	0	8
10倍		0 ·	8	
100倍		8 ·		

64

P.65

小 数 (12)

名前　月　日

● 4.2 を $\frac{1}{10}$，$\frac{1}{100}$ にした数を書きましょう。

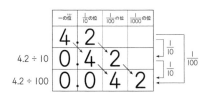

	一の位	$\frac{1}{10}$の位	$\frac{1}{100}$の位	$\frac{1}{1000}$の位
	4 ·	2		
4.2÷10	0 ·	4	2	
4.2÷100	0 ·	0	4	2

（$\frac{1}{10}$）（$\frac{1}{100}$）

$\frac{1}{10}$にすると，位は1けたずつ下がるよ。

■ 次の①，②の数を $\frac{1}{10}$，$\frac{1}{100}$ にした数を書きましょう。

① 0.6

	一の位	$\frac{1}{10}$の位	$\frac{1}{100}$の位	$\frac{1}{1000}$の位
	0 ·	6		
$\frac{1}{10}$	0 ·	0	6	
$\frac{1}{100}$	0 ·	0	0	6

② 9

	一の位	$\frac{1}{10}$の位	$\frac{1}{100}$の位	$\frac{1}{1000}$の位
	9 ·			
$\frac{1}{10}$	0 ·	9		
$\frac{1}{100}$	0 ·	0	9	

65

P.66

小 数 (13)

名前　月　日

● 1.214 と 1.23 とではどちらが大きいですか。

位の表に入れてくらべよう。

一の位	$\frac{1}{10}$の位	$\frac{1}{100}$の位	$\frac{1}{1000}$の位
1 ·	2	(1)	4
1 ·	2	(3)	

上の位の数字からくらべていく

同じ　同じ　くらべる

数直線に表してくらべよう。

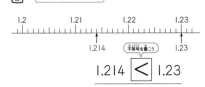

1.2　1.21　1.22　1.23

1.214　未等号を書こう　1.23

1.214 < 1.23

■ □に不等号を書きましょう。

① 0.82 > 0.807

一の位	$\frac{1}{10}$の位	$\frac{1}{100}$の位	$\frac{1}{1000}$の位
0 ·	8	2	
0 ·	8	0	7

② 5.106 < 5.11

一の位	$\frac{1}{10}$の位	$\frac{1}{100}$の位	$\frac{1}{1000}$の位
5 ·	1	0	6
5 ·	1	1	

66

P.67

小 数 (14)　小数のたし算ひき算

名前　月　日

● 筆算でしましょう。

①

```
   2.65
+  3.82
------
   6.47
```

(①+2+3) (6+8) (5+2)

❶ 位をそろえて書く。
❷ 整数のたし算と同じように計算する。
❸ 上の小数点にそろえて和の小数点をうつ。

②

```
   0.56
+  0.19
------
   0.75
```

③

```
   7.08
+  0.94
------
   8.02
```

● 筆算でしましょう。

①

```
   6.34
-  3.52
------
   2.82
```

(5-3) (13-5) (4-2)

たし算と同じように位をそろえて計算してみよう。

②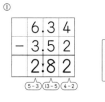

```
   5.13
-  0.07
------
   5.06
```

③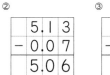

```
   4.02
-  0.87
------
   3.15
```

67

P.68

小 数 (15)　　小数のたし算

名前　　月　日

● 筆算でしましょう。

① 3.2 + 5.18

```
   3.2
+ 5.18
  8.38
```

位をそろえよう。3.2は3.2□と考えて計算するよ。

② 0.63 + 7.27

```
  0.63
+ 7.27
  7.90
```

0を消すのをわすれないで。

③ 4.14 + 2.86

```
  4.14
+ 2.86
  7.00
```

④ 6.53 + 7.9

```
  6.53
+ 7.9
 14.43
```

小数点をそろえてたす数を書こう。

⑤ 15.22 + 0.38

```
 15.22
+  0.38
 15.60
```

⑥ 2.59 + 7.41

```
  2.59
+ 7.41
 10.00
```

68

P.69

小 数 (16)　　小数のたし算

名前　　月　日

● 筆算でしましょう。

① 7.67 + 0.4

```
  7.67
+ 0.4
  8.07
```

小数点をそろえてたす数を書こう。

② 5.83 + 2.34

```
  5.83
+ 2.34
  8.17
```

③ 0.05 + 1.95

```
  0.05
+ 1.95
  2.00
```

④ 3.7 + 3.49

```
  3.7
+ 3.49
  7.19
```

⑤ 4.28 + 0.82

```
  4.28
+ 0.82
  5.10
```

69

P.70

小 数 (17)　　小数のひき算

名前　　月　日

● 筆算でしましょう。

① 4.35 - 2.6

```
  4.35
- 2.6
  1.75
```

2.6は2.60と考えて計算するよ。

② 9.07 - 8.43

```
  9.07
- 8.43
  0.64
```

0を書くのをわすれないで。

③ 6 - 3.15

```
  6.00
- 3.15
  2.85
```

④ 7.3 - 5.48

```
  7.3
- 5.48
  1.82
```

小数点をそろえてひく数を書こう。

⑤ 3.12 - 3

```
  3.12
- 3.
  0.12
```

⑥ 10 - 9.32

```
 10.00
-  9.32
  0.68
```

70

P.71

小 数 (18)　　小数のひき算

名前　　月　日

● 筆算でしましょう。

① 5.24 - 2.8

```
  5.24
- 2.8
  2.44
```

小数点をそろえてひく数を書こう。

② 0.95 - 0.07

```
  0.95
- 0.07
  0.88
```

③ 8 - 6.32

```
  8.00
- 6.32
  1.68
```

④ 9.13 - 0.13

```
  9.13
- 0.13
  9.00
```

⑤ 7.7 - 6.83

```
  7.7
- 6.83
  0.87
```

71

118

P.72

2けたでわる わり算の筆算 (1)

	名 前
月　日	

● 色紙が80まいあります。
1人に30まいずつ分けます。
何人に分けられて，何まいあまりますか。

🐼 10のたばで考えると 8÷3＝2 あまり2
このあまり2は，10のたばが2 ということだね。

式

$80 ÷ 30 = 2$ あまり 20

答え 2 人に分けられて， 20 まいあまる。

● 計算をしましょう。

① $60 ÷ 20 = 3$

② $90 ÷ 40 = 2$ あまり 10

③ $120 ÷ 30 = 4$

④ $150 ÷ 60 = 2$ あまり 30

72

P.73

2けたでわる わり算の筆算 (2)　2けた÷2けた＝1けた

	名 前
月　日	

● 86 ÷ 42 を筆算でしましょう。

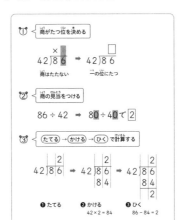

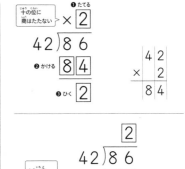

もう一度
やってみよう。

73

P.74

2けたでわる わり算の筆算 (3)　2けた÷2けた＝1けた

	名 前
月　日	

● 筆算でしましょう。

① 96 ÷ 32　　② 87 ÷ 21　　③ 82 ÷ 40

🐙 商がたつ位　$32\overline{)96}$
🐻 商の見当　90÷30で 3
🐻 たてる→かける→ひく で計算

① たてる　3
$32\overline{)96}$
② かける　96
③ ひく　0

　　× 3 2
　　　3
　　　9 6

②
🐙 $21\overline{)87}$
🐻 80÷20で 4
🐻 たてる→かける→ひく で計算

4
$21\overline{)87}$
84
3

　× 2 1
　　4
　　8 4

③
🐙 $40\overline{)82}$
🐻 80÷40で 2
🐻 たてる→かける→ひく で計算

2
$40\overline{)82}$
80
2

　× 4 0
　　2
　　8 0

74

P.75

2けたでわる わり算の筆算 (4)　2けた÷2けた＝1けた

	名 前
月　日	

● 筆算でしましょう。

① 76 ÷ 24　　② 95 ÷ 47　　③ 52 ÷ 38

① 商がたつ位　$24\overline{)76}$
🐻 商の見当　70÷20で 3
🐻 たてる→かける→ひく で計算

① たてる　3
$24\overline{)76}$
② かける　72
③ ひく　4

　× 2 4
　　3
　　7 2

②
🐙 $47\overline{)95}$
🐻 90÷40で 2
🐻 たてる→かける→ひく で計算

2
$47\overline{)95}$
94
1

　× 4 7
　　2
　　9 4

③
🐙 $38\overline{)52}$
🐻 50÷30で 1
🐻 たてる→かける→ひく で計算

1
$38\overline{)52}$
38
14

　× 3 8
　　1
　　3 8

75

児童に実施させる前に，必ず指導される方が問題を解いてください。本書の解答は，あくまでも１つの例です。指導される方の作られた解答をもとに，本書の解答例を参考に児童の多様な考えに寄り添って○つけをお願いします。

P.76

2けたでわる わり算の筆算（5） 3けた÷2けた＝1けた

名前　月　日

● 筆算でしましょう。

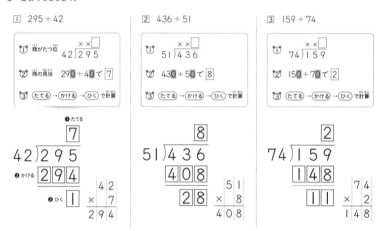

① 295 ÷ 42

① 商がたつ位　42)295
② 商の見当　290÷40で 7
③ たてる → かける → ひく で計算

❶たてる
7
42)295
❷かける 294
❸ひく 1

42 × 7 = 294

② 436 ÷ 51

① 51)436
② 430÷50で 8
③ たてる → かける → ひく で計算

8
51)436
408
28

51 × 8 = 408

③ 159 ÷ 74

① 74)159
② 150÷70で 2
③ たてる → かける → ひく で計算

2
74)159
148
11

74 × 2 = 148

76

P.77

2けたでわる わり算の筆算（6） 2けた÷2けた＝1けた

名前　月　日

● 64 ÷ 25 を筆算でしましょう。

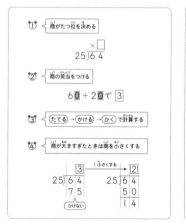

① 商がたつ位を決める　25)64
② 商の見当をつける　60÷20で 3
③ たてる → かける → ひく で計算する
④ 商が大きすぎたときは商を小さくする

3 → 1小さくする → 2
25)64　　25)64
75　　　　50
　　　　　14
ひけない

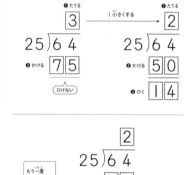

3 → 1小さくする → 2
25)64　　25)64
❷かける 75　❷かける 50
ひけない　❸ひく 14

もう一度やってみよう。

2
25)64
50
14

77

P.78

2けたでわる わり算の筆算（7） 2けた÷2けた＝1けた

名前　月　日

● 筆算でしましょう。

① 9÷3

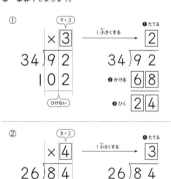

×3
34)92
102
ひけない

→ 1小さくする → ❶たてる 2
34)92
❷かける 68
❸ひく 24

② 8÷2

×4
26)84
104
ひけない

→ 1小さくする → ❶たてる 3
26)84
❷かける 78
❸ひく 6

③ 7÷1

×7
14)75
98
ひけない

→ 1小さくする → 6
14)75
84
まだひけない

→ 1小さくする → ❶たてる 5
14)75
❷かける 70
❸ひく 5

④

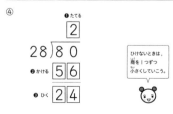

❶たてる 2
28)80
❷かける 56
❸ひく 24

ひけないときは，商を1つずつ小さくしていこう。

78

P.79

2けたでわる わり算の筆算（8） 3けた÷2けた＝1けた

名前　月　日

● 筆算でしましょう。

① 47÷5

××9
58)473
522
ひけない

→ 1小さくする → ❶たてる 8
58)473
❷かける 464
❸ひく 9

② 29÷7

×4
76)295
304
ひけない

→ 1小さくする → ❶たてる 3
76)295
❷かける 228
❸ひく 67

③ 19÷2

××9
25)196
225
ひけない

→ 1小さくする → 8
25)196
200
まだひけない

→ 1小さくする → ❶たてる 7
25)196
❷かける 175
❸ひく 21

④

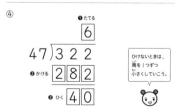

❶たてる 6
47)322
❷かける 282
❸ひく 40

ひけないときは，商を1つずつ小さくしていこう。

79

P.80

2けたでわる わり算の筆算 (9) 3けた÷2けた＝1けた

● 筆算でしましょう。

①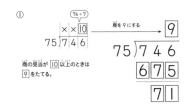

②

③

④

80

P.81

2けたでわる わり算の筆算 (10)

● 筆算でしましょう。

①

②

③

④

⑤

① 商がたつ位を決める
② 商の見当をつける
③ たてる → かける → ひく で計算する
④ 商が大きすぎたら小さくする

81

P.82

2けたでわる わり算の筆算 (11) 3けた÷2けた＝2けた

● 965÷34 を筆算でしましょう。

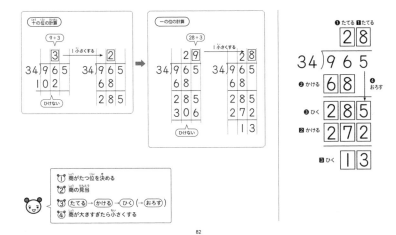

① 商がたつ位を決める
② 商の見当
③ たてる → かける → ひく （→ おろす）
④ 商が大きすぎたら小さくする

82

P.83

2けたでわる わり算の筆算 (12) 3けた÷2けた＝2けた

● 筆算でしましょう。

① 823÷45

② 569÷27

③ 957÷12

商が大きすぎたら1ずつ小さくしていこう。

83

121

P.84

2けたでわる わり算の筆算（13）3けた÷2けた＝2けた

名前 ／ 月 日

● 筆算でしましょう。

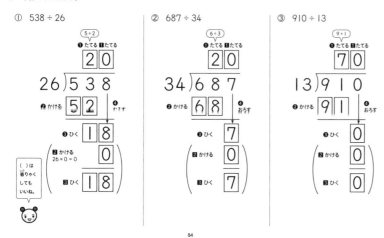

① 538÷26　② 687÷34　③ 910÷13

P.85

2けたでわる わり算の筆算（14）3けた÷2けた＝2けた

名前 ／ 月 日

● 筆算でしましょう。

① 874÷36

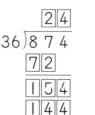

② 625÷14

③ 902÷15

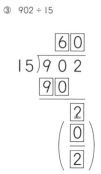

1 商がたつ位を決める　2 商の見当をつける
3 たてる→かける→ひく（→おろす）で計算する　4 商が大きすぎたら小さくする

P.86

2けたでわる わり算の筆算（15）

名前 ／ 月 日

● □にあてはまる数を書いて，答えを求めましょう。

① 600÷300＝6÷ $\boxed{3}$ 　答え $\boxed{2}$

② 280÷70＝ $\boxed{28}$ ÷7　答え $\boxed{4}$

③ 35÷5＝7÷ $\boxed{1}$ 　答え $\boxed{7}$

④ 100÷25＝ $\boxed{4}$ ÷1　答え $\boxed{4}$

わられる数とわる数を同じ数でわっても，商は変わらないね。

■ 3200÷800を筆算でしましょう。

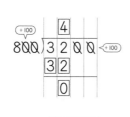

P.87

倍の計算（割合）（1）

名前 ／ 月 日

● ジンベエザメの体長は，イルカの体長の何倍ですか。

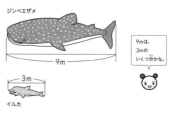
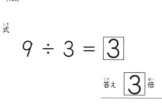

ジンベエザメ 9m

イルカ 3m

9mは，3mのいくつ分かな。

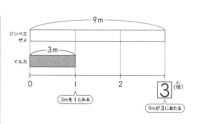
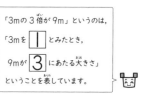

式

$$9 \div 3 = \boxed{3}$$

答え $\boxed{3}$ 倍

「3mの3倍が9m」というのは，「3mを $\boxed{1}$ とみたとき，9mが $\boxed{3}$ にあたる大きさ」ということを表しています。

P.88

倍の計算（割合）(2)

● ２ひきの犬の体重をくらべます。
□はな の体重は，□むぎ の体重の何倍ですか。

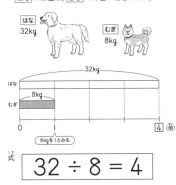

はな 32kg　　むぎ 8kg

32kg

はな
むぎ 8kg

0　　　　　　　　　　　　　　4 (倍)

8kgを1とみる

式　$32 ÷ 8 = 4$

答え 4 倍

名前　月　日

● 高さが6cmだったヒマワリの芽が，今日はかると48cmでした。

① もとの高さの何倍に成長しましたか。

6cm　48cm

式　$48 ÷ 6 = 8$

答え 8 倍

② □にあてはまる数を書きましょう。

6cmを1とみたとき，
48cmは 8 にあたる大きさです。

P.89

倍の計算（割合）(3)

● 高さが50mのマンションがあります。
あるビルの高さは，マンションの高さの5倍です。
ビルの高さは何mですか。

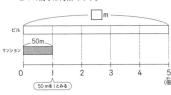

□m

ビル
マンション 50m

0　　1　　2　　3　　4　　5 (倍)

50mを1とみる

式　$50 × 5 = 250$

答え 250 m

50mを1とみたとき，
5にあたる大きさは 250 mになるね。

名前　月　日

● えみさんは，くりを25こ拾いました。
お姉さんは，えみさんの2倍の数のくりを拾いました。

① お姉さんは，くりを何こ拾いましたか。

式　$25 × 2 = 50$

答え 50 こ

② □にあてはまる数を書きましょう。

25こを1とみたとき，
2にあたる大きさは 50 こです。

P.90

倍の計算（割合）(4)

● 親のペンギンの体重は35kgです。
この体重は，子どものペンギンの体重の7倍です。
子どものペンギンの体重は何kgですか

親　35kg
子ども □kg

0　　1　　2　　3　　4　　5　　6　　7 (倍)

□kgを1とみる

式　$35 ÷ 7 = 5$

答え 5 kg

35kgを7とみたとき，
1にあたる大きさは 5 kgになるね。

名前　月　日

● メロンのねだんは，もものねだんの2倍で，900円です。もものねだんは何円ですか。

どちらのねだんを1とみたらいいかな。

900円

メロン
もも □円

0　　　　　　1　　　　　　2 (倍)

□円を1とみる

式　$900 ÷ 2 = 450$

答え 450 円

900円を2とみたとき，
1にあたる大きさは 450 円になるね。

P.91

がい数 (1)

● ヒマワリの高さは およそ何十cm ですか。

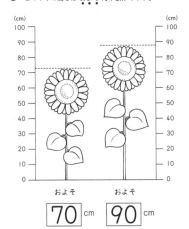

およそ 70 cm　　およそ 90 cm

名前　月　日

● えんぴつの長さは 約何cm ですか。

「およそ」のことを「約」ともいうよ。

①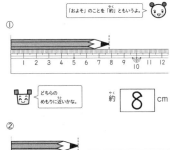

どちらのめもりに近いかな。

約 8 cm

②

約 5 cm

P.92

がい数 (2)

	名前
月　日	

● ある日の動物園の入場者数は右の通りでした。それぞれ約何百人といえばよいですか。

午前	320人
午後	370人

① 数直線に↑で320人と370人をかき入れ，300と400のどちらに近いかを考えましょう。

320　　370

② 320人と370人は，約何百人といえますか。

320人 ⇒ 約 **300** 人

370人 ⇒ 約 **400** 人

③ □に入る数を書きましょう。

約300人といえるのは，十の位の数字が

0, **1**, **2**, **3**, **4** のときです。

約400人といえるのは，十の位の数字が

5, **6**, **7**, **8**, **9** のときです。

四捨五入

0 1 2 3 4 ｜ 5 6 7 8 9
切り捨て　　切り上げ

3②0　　3⑦0
↓ 0とする　↓ くり上げる
300　　400

P.93

がい数 (3)

	名前
月　日	

● 十の位の数字を四捨五入して，約何百とがい数で表しましょう。

① 260

0, 1, 2, 3, 4 は切り捨て，5, 6, 7, 8, 9 は切り上げだね。

百	十	一
2	⑥	0
約 3	0	0

② 423

一の位の数字は0にするよ。

百	十	一
4	②	3
約 4	0	0

③ 758

百	十	一
7	⑤	8
約 8	0	0

● 百の位の数字を四捨五入して，約何千とがい数で表しましょう。

① 3480

四捨五入する位より右の位の数字は0になるよ。

千	百	十	一
3	④	8	0
約 3	0	0	0

② 5920

千	百	十	一
5	⑨	2	0
約 6	0	0	0

③ 8735

千	百	十	一
8	⑦	3	5
約 9	0	0	0

P.94

がい数 (4)

	名前
月　日	

● 千の位の数字を四捨五入して，約何万とがい数で表しましょう。

① 31500

一万	千	百	十	一
3	①	5	0	0
約 3	0	0	0	0

② 77200

一万	千	百	十	一
7	⑦	2	0	0
約 8	0	0	0	0

③ 86000

一万	千	百	十	一
8	⑥	0	0	0
約 9	0	0	0	0

● 千の位の数字を四捨五入して，一万の位までのがい数にしましょう。

一万の位までのがい数にするには，1つ下の千の位の数字を四捨五入するよ。

① 48270

一万	千	百	十	一
4	8	2	7	0
約 5	0	0	0	0

② 60500

一万	千	百	十	一
6	0	5	0	0
約 6	0	0	0	0

P.95

がい数 (5)

	名前
月　日	

● 次の①～③の数を四捨五入して，上から1けたのがい数にしましょう。

① 860

上から1けたのがい数にするときは，上から2けための数字を四捨五入するよ。

	上から1けた	上から2けた	
	8	⑥	0
約	9	0	0

② 4095

	4	⓪	9	5
約	4	0	0	0

③ 78030

	7	⑧	0	3	0
約	8	0	0	0	0

● 次の①，②の数を四捨五入して，上から2けたのがい数にしましょう。

上から2けたのがい数にするときは，上から3けための数字を四捨五入するよ。

① 318

	上から1けた	上から2けた	上から3けた
	3	1	⑧
約	3	2	0

② 6922

	6	9	②	2
約	6	9	0	0

P.96

がい数（6）

	月	日	名前

● あてはまる数をすべて書きましょう。

① 1から10までの整数で，5以上10以下の数

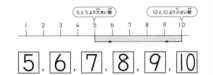

5, 6, 7, 8, 9, 10

③ 20から30までの整数で，22以上27以下の数

22, 23, 24, 25, 26, 27

② 1から10までの整数で，5以上10未満の数

5, 6, 7, 8, 9

④ 50から60までの整数で，54以上59未満の数

54, 55, 56, 57, 58

96

P.97

がい数（7）

	月	日	名前

● 一の位の数字を四捨五入して，十の位までのがい数にしたとき，70になる整数について調べましょう。

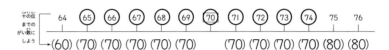

① 上の数直線で，十の位までのがい数にしたとき，70になる整数に○をつけましょう。

② 四捨五入して70になる整数のなかで，いちばん小さい数はいくつですか。

65

③ 四捨五入して70になる整数のなかで，いちばん大きい数はいくつですか。

74

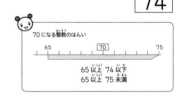

70になる整数のはんい
65以上 74以下
65以上 75未満

97

P.98

がい数（8）

	月	日	名前

● 十の位の数字を四捨五入して，百の位までのがい数にしたとき，300になる整数について調べましょう。

① あ〜えのめもりが表す数を百の位までのがい数にしましょう。

あ 249 → 200　い 250 → 300

う 349 → 300　え 350 → 400

② 四捨五入して300になる整数のなかで，いちばん小さい数はいくつですか。

250

③ 四捨五入して300になる整数のなかで，いちばん大きい数はいくつですか。

349

④ □にあてはまる数を書きましょう。

四捨五入して300になる整数のはんいは

250 以上　350 未満　です。

98

P.99

がい数（9）

	月	日	名前

● ゆうたさんは，はさみとペンとノートを買います。代金は約何百円ですか。四捨五入して，百の位までのがい数にして見積もりましょう。

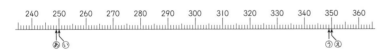

278円　220円　110円

はさみ　278円　→　約 300 円

ペン　　220円　→　約 200 円

ノート　110円　→　約 100 円

式　300+200+100=600

答え　約 600 円

● かおりさんは，筆箱と消しゴムを買います。1000円さつではらうと，おつりは約何百円ですか。四捨五入して，百の位までのがい数にして見積もりましょう。

580円　120円

ふで箱　580円　→　約 600 円

消しゴム 120円　→　約 100 円

式　1000-（600 + 100）= 300

答え　約 300 円

99

P.100

がい数（10）

名前	
月　日	

● 28人の子どもに107円のジュースを1本ずつ買います。代金の合計は約何円になりますか。
四捨五入して，上から1けたのがい数にして見積りましょう。

107円

子ども　28人　→　約 **30** 人

ジュース　107円　→　約 **100** 円

式

100 × **30** = **3000**

答え　約 **3000** 円

107 × 28 = 2996
見積りとくらべてみよう。

● 28人が焼きそばを作って食べます。材料代として8960円かかりました。
1人分の材料代は約何円になりますか。
四捨五入して，上から1けたのがい数にして見積りましょう。

子ども　28人　→　約 **30** 人

材料代　8960円　→　約 **9000** 円

式

9000 ÷ **30** = **300**

答え　約 **300** 円

8960 ÷ 28 = 320
見積りとくらべてみよう。

100

P.101

がい数（11）

名前	
月　日	

● さくらさん，けんたさん，まいさんの3人が買い物に行きます。
代金を見積ってお金を用意しました。
3人は何の品物を買うのでしょうか。あてはまるものを線でむすびましょう。

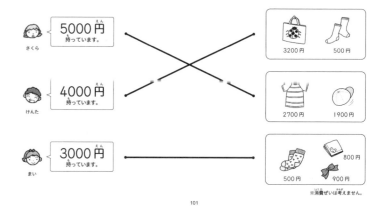

※消費ぜいは考えません。

101

喜楽研の支援教育シリーズ

ゆっくり ていねいに 学べる

算数教科書支援ワーク　4-①

2023 年 3 月 1 日　　第 1 刷発行

イ ラ ス ト： 山口 亜耶 他
表紙イラスト： 鹿川 美佳
表紙デザイン： エガオデザイン
企 画・編 著： 原田 善造・あおい えむ・今井 はじめ・さくら りこ
　　　　　　　中田 こういち・なむら じゅん・ほしの ひかり・堀越 じゅん
　　　　　　　みやま りょう（他 4 名）
編 集 担 当： 桂　真紀

発　行　者： 岸本 なおこ
発　行　所： 喜楽研（わかる喜び学ぶ楽しさを創造する教育研究所：略称）
　　　　　　〒604-0827　京都府京都市中京区高倉通二条下ル瓦町 543-1
　　　　　　TEL　075-213-7701　FAX　075-213-7706
　　　　　　HP　https://www.kirakuken.co.jp
印　　　刷： 創栄図書印刷株式会社

ISBN:978-4-86277-403-3

Printed in Japan

喜楽研 WEB サイト
書籍の最新情報（正誤表含む）は
喜楽研 WEB サイトをご覧下さい。

学校現場では，本書ワークシートをコピー・印刷して児童に配布できます。
学習する児童の実態にあわせて，拡大してお使い下さい。